Graded
Spanish Reader

Primera Etapa
Alternate

Graded Spanish Reader

Primera Etapa
ALTERNATE

Justo Ulloa
VIRGINIA POLYTECHNIC INSTITUTE
and STATE UNIVERSITY

Leonor Alvarez de Ulloa
RADFORD UNIVERSITY

D. C. HEATH AND COMPANY
Lexington, Massachusetts   Toronto

Cover: "Two Women," 1914 by Diego Rivera. The Arkansas Arts
Center Foundation Collection: Gift of Abby Rockefeller
Mauze, New York, 1955.

Illustrations: Linda Wielblad

Copyright © 1987 by D. C. Heath and Company.

Published simultaneously in Canada.

Printed in the United States of America.

International Standard Book Number: 0-669-11567-3

Library of Congress Catalog Card Number: 86-81275

To Sandra and Justin

Preface

Graded Spanish Reader: Primera Etapa, Alternate is an elementary reader designed to fulfill two major objectives: to improve students' reading and writing skills through carefully selected and minimally edited literary selections, supplemented with abundant and varied exercises; and to introduce students to the rich and exciting literature of the Hispanic world. The readings, presented in order of difficulty, include poems, mini-stories, short narratives, legends, a drama and a short one-act play.

Graded Spanish Reader: Primera Etapa, Alternate differs from most beginning readers in that it provides students with clear and concise explanations of grammar interspersed throughout the exercise section of the text. These explanations complement and review the structures and vocabulary presented in most basic Spanish texts. The reader also emphasizes meaningful communication through carefully prepared discussion questions that encourage students to express their points of view about the topics and issues presented in the selections.

Graded Spanish Reader: Primera Etapa, Alternate is organized into four parts. Each part begins with a short introduction to the reading selections and a concise study guide that provides strategies to make the reading easier and more profitable.

Part One contains two selections written entirely in the present tense. This part has been designed for students with very little knowledge of Spanish. Students should be able to read the stories in this section after covering the present tense of regular and irregular verbs in their basic Spanish text.

Part Two offers a subtle integration of previously studied material with new and more challenging vocabulary and structures. This unit consists of two short poems, two mini-stories, and two longer narratives that review *ser* and *estar* as well as the past tenses of regular and irregular verbs. The reflexive verbs are also presented in this unit.

Part Three includes a mini-drama and a short one-act play. The present subjunctive and formal commands are introduced here, as well as the future and the conditional tenses. After completing this section, students will have the opportunity to enact and stage one of the two plays.

Part Four is the most challenging of all, because the four selections we have chosen have been only slightly edited. Students will use their previously acquired knowledge and increased reading skills to tackle the readings and to answer both specific and general questions about them.

Each of the above four parts contains the following types of exercises:

Reading Comprehension.

These exercises will give students the opportunity to test their understanding of what they have read. We have included true-false content questions as well as multiple choice and short answer questions.

Vocabulary Study.

This section immediately follows the comprehension exercises and reinforces the selection vocabulary in a contextualized form. It also provides practice in cognate recognition and word formation. This section will help students expand their Spanish vocabulary, thus improving their reading skills.

Structures.

This important section provides brief explanations (most of them in the form of charts, tables or diagrams) that review the basic structures from each story. The exercises are abundant and in most cases will permit some selectivity on the part of the teacher.

Writing Practice.

Through a variety of guided exercises, students are encouraged to use the grammatical structures and vocabulary reviewed in the different selections as they write about the topics of the readings. This section will help students to prepare for the oral communicative exercise that immediately follows.

Communicative Activity.

New oral activities found at the end of each section will help students to gain self-confidence in speaking Spanish. The objective is to motivate students to express in Spanish their personal opinions on specific issues from the readings or to talk about their related personal experiences. In these communicative activities, students are encouraged to work in pairs or small groups while they actively discuss key topics from the previous readings.

Review Exercises.

Found after each of the four parts, this section contains a thorough review of the preceding material. Words and expressions, as well as grammatical structures from previous units, are systematically re-introduced here. Successful completion of this section indicates that students are ready to continue with more advanced material.

Acknowledgments

This text would not have been possible without constant support from our family and friends. In particular, we would like to thank Paul Witkowsky of Radford University for his expert editing and scrutiny of the glossing and footnoting; María Herrera-Menchen for her meticulous native proofreadings and valuable suggestions; Mario Hurtado, Paula Kmetz, Gretje Gurevich, and other members of the editorial staff of D.C. Heath for their encouragement and advice that helped turn the manuscript into this finished work. We are also grateful to Angie Harvey for her assistance in typing the vocabulary.

J.C.U. and L.A. de U.

Contents

PART III

PART IV

Graded
Spanish Reader

Primera Etapa
Alternate

PART
I

Without altering the plots of the originals, the two stories included in *Part One* have been carefully edited and structured to allow you to begin reading near the end of the first semester of Spanish, or even during the first few weeks of the course. In order to facilitate reading, the vocabulary of the selections has been simplified and systematically repeated, and difficult constructions have been modified. The exercises have been designed to reinforce the vocabulary and constructions presented in the readings.

Un Stradivarius, by the Mexican novelist, critic and statesman, Vicente Riva Palacio (1832–1896), is an engaging story about greed. Narrated in the present tense and with carefully selected vocabulary, it is deceptively simple and surprisingly deceptive: the characters are not really what they seem to be.

Like *Un Stradivarius, Las mulas de su Excelencia*, also written by Vicente Riva Palacio, makes a point of showing that things are not always as they appear to be. The main characters are willingly and happily deceived. The meaning of the title does not become clear until the very end.

STUDY GUIDE

The following suggestions will help you in your reading of the selections and in preparing for class activities:

1. Glance over the footnotes and vocabulary exercises before reading the stories. You should also glance over the entire story to get a general idea of the plot.
2. Before reading *Un Stradivarius,* review the following grammar points covered in the exercises at the end of this selection: the present tense, the formation of negative sentences, the contractions **al** and **del,** direct and indirect object pronouns, the verb **gustar,** and possessive adjectives.

   Be sure to review the following grammar points before reading *Las mulas de su Excelencia:* **ser** / **estar; saber** / **conocer;** the present participle; the formation of the progressive tense; the use of **ir a** + infinitive; and the expressions **acabar de, tratar de** and **tener que.**
3. In preparing for the Communicative Activity at the end of each story, write down your thoughts on the topic you have chosen for discussion and practice them aloud several times in order to improve your oral proficiency.
4. Study the Cognate and Word Formation Exercise section and apply the rules to words you encounter in the readings. Try to guess the meaning of unfamiliar words by seeing how they are used in context.

Un Stradivarius

VICENTE RIVA PALACIO

❦

I

Don Samuel es un señor muy rico.[1] Tiene mucho dinero.[2] Tiene una tienda.[3] La tienda de don Samuel está en México. Es una de las tiendas más ricas de México. En México hay[4] otras tiendas como la tienda de don Samuel, pero no tan ricas.

5   En su tienda don Samuel tiene muchas cosas.[5] Don Samuel tiene mucho dinero porque vende[6] muchas cosas en su tienda a las personas[7] ricas de México.

Don Samuel está todo el día en su tienda. Como es un señor que tiene mucho dinero, también tiene muchos amigos.[8] Algunos
10 de sus amigos van[9] a su tienda todos los días. Otros amigos van muy poco a su tienda. Pero todos los días hay uno o dos amigos en la tienda de don Samuel. Algunas personas dicen[10] que estos señores no son amigos de don Samuel, sino de su dinero. Pero nadie[11] sabe la verdad.[12]

15 Como don Samuel es un señor muy rico, todos los días muchas personas van a su tienda para tratar de venderle muchas cosas. Pero don Samuel les dice que él no tiene dinero.

II

En la familia de don Samuel hay cuatro personas: él, su esposa,[13] su hijo y su hija. La esposa de don Samuel tiene muchas amigas.
20 Algunas[14] de las amigas de la señora van con ella a la tienda de su esposo. Por lo general, ninguna compra nada.[15] Los hijos de don Samuel también tienen muchos amigos. Dice don Samuel que sus hijos sólo van a la tienda cuando no tienen dinero.

---

[1] **rico(-a)** rich   [2] **dinero** money   [3] **tienda** store   [4] **hay** there is, there are
[5] **cosa** thing   [6] **vender** to sell   [7] **persona** person   [8] **amigo** friend   [9] **ir** to go;
van they go   [10] **decir** to say   [11] **nadie** no one   [12] **verdad** truth   [13] **esposa**
wife; **esposo** husband   [14] **alguno(-a)** some   [15] **ninguna...nada** none buys
anything

Don Samuel va con su familia a Chapultepec.[16] Allí siempre hay muchas personas y don Samuel y su familia están muy contentos.[17] Siempre están muy contentos cuando están allí porque hay música. A don Samuel le gusta[18] mucho la música. También le gusta ir a Chapultepec porque allí no paga.[19] A su esposa le gusta ir a Chapultepec porque a ella también le gusta la música. A la esposa y a los hijos de don Samuel también les gusta ir al teatro. A don Samuel no le gusta ir al teatro porque allí él tiene que pagar. Van al Palacio de Bellas Artes, o a algún otro teatro de los muchos que hay en México. El Palacio de Bellas Artes es el teatro que más les gusta a los hijos de don Samuel. También es el teatro que le gusta más a su esposa. Les gusta porque es el teatro de México donde siempre hay muchas personas ricas. El hijo y la hija de don Samuel siempre van a ese teatro.

III

Un día un señor va solo a la tienda de don Samuel. Cuando ve[20] a este señor, don Samuel le dice:

—¿Qué desea[21] usted?

—Sólo deseo ver algunas cosas para una iglesia.[22]

—Tengo todo lo que usted desea. Yo vendo muchas cosas a todas las iglesias de México. ¿Desea Ud. ver otras cosas también?

—No; sólo deseo ver algo para una iglesia. Tengo un tío muy rico en Guadalajara[23] que desea algo para una iglesia.

—¿No le gustan estas cosas que tengo aquí?

El señor que está en la tienda de don Samuel y que desea las cosas para la iglesia de Guadalajara es músico.[24] Como es músico no es rico ni tiene dinero. Tiene un traje[25] muy viejo.[26] Este señor no parece[27] estar muy contento.

El músico tiene en la mano[28] un violín. El violín está en una caja[29] muy vieja. A don Samuel no le gusta mucho el traje del

---

[16] **Chapultepec** suburb southwest of Mexico City, site of a palace and park   [17] **contento(-a)** happy, pleased   [18] **gustar** to be pleasing; **le gusta** he (she) likes   [19] **pagar** to pay   [20] **ver** to see   [21] **desear** to wish, desire   [22] **iglesia** church   [23] **Guadalajara** city in West Mexico; capital of the state of Jalisco   [24] **músico** musician   [25] **traje** suit   [26] **viejo(-a)** old   [27] **parecer** to seem, to look   [28] **mano** hand   [29] **caja** case, box

músico, pero no le dice nada porque desea venderle algo. Cuando
ve la caja del violín en la mano del músico le dice:

—¿Es usted músico?

—Sí, señor.

5 —A mí me gusta mucho la música. Siempre voy con mi
familia a Chapultepec porque allí siempre hay música. ¿Le gusta
a usted la música de Chapultepec?

—Sí, señor, me gusta mucho.

—A mí y a mi esposa también nos gusta, pero a nuestros
10 hijos no les gusta. ¿Tiene usted hijos?

—No, señor, no tengo hijos.

Después de decir esto sobre la música, don Samuel le
enseña[30] al músico algunas cosas para las iglesias. Al músico le
gustan algunas de las cosas que le enseña don Samuel. Después
15 de verlas muy bien y de decirle a don Samuel cuáles son las
cosas que le gustan, pone[31] algunas de ellas en una caja que tiene
don Samuel en su tienda. El músico necesita[32] la caja porque
tiene que mandar[33] las cosas a Guadalajara. Después de algunos
minutos le dice el músico a don Samuel:

20 —Deseo estas cosas, pero antes quiero escribirle[34] a mi tío
que está en Guadalajara porque no tengo dinero aquí para pagar
ahora.

—¿Va a usted a escribirle a su tío ahora?

—Sí, señor, voy a escribirle ahora porque mi tío desea estas
25 cosas para la iglesia de Guadalajara antes de cuatro o cinco días.

—Muy bien. ¿Desea usted todas las cosas en esta caja?

—Sí, señor, mi tío va a pagarle por ellas.

Después de decir esto el músico mira otra vez las cosas que
tiene en la caja. Unos cuantos[35] minutos después le dice a don
30 Samuel:

—¿Puedo[36] dejar[37] este violín aquí en su tienda por uno o
dos días?

—Sí, señor, puede dejarlo aquí en mi tienda.

—¿Dónde lo puede poner?

—Aquí.

---

[30] **enseñar** to show   [31] **poner** to put, place   [32] **necesitar** to need   [33] **tiene que mandar** he has to send   [34] **quiero escribirle** I want to write him   [35] **unos cuantos** a few   [36] **poder** to be able   [37] **dejar** to leave; let

—Debe tener mucho cuidado[38] con mi violín. Es un violín muy bueno y siempre tengo mucho cuidado con él porque es el único que tengo.[39]

—Sí, voy a tener mucho cuidado con él. En mi tienda nadie toca[40] las cosas que no son suyas.

Don Samuel pone el violín en un lugar[41] donde se puede ver[42] y le dice al músico:

—Allí está bien.

—Sí, allí en ese lugar parece estar muy bien.

El músico deja su violín en la tienda de don Samuel. Don Samuel mira el violín y piensa:[43] «Este violín es muy viejo y no parece ser muy bueno. Pero no le puedo decir a un señor tan bueno como éste que no lo deseo tener aquí en la tienda por unos cuantos días. Después de todo, no me va a costar nada[44] tener aquí esa caja tan vieja». Después de pensar en esto, toma el violín, lo inspecciona con cuidado y lo pone nuevamente[45] en su lugar.

IV

Dos días después, entre las muchas personas que van a la tienda de don Samuel, llega un señor un poco viejo. Es un señor muy rico y bien vestido[46] que desea un reloj[47] para su esposa. Don Samuel le enseña muchos relojes. Después de ver algunos, el señor rico toma uno de ellos y le dice a don Samuel:

—¿Cuánto desea usted por este reloj?

—Cincuenta pesos.[48]

—¿Cincuenta pesos? No, cincuenta pesos es mucho dinero.

El señor rico mira otros relojes, pero ninguno le gusta. Cuando mira los otros relojes, también ve la caja vieja del violín del músico. Como ve una caja tan vieja entre tantas cosas tan buenas, le pregunta a don Samuel:

---

[38] **debe...cuidado** you ought to be very careful [39] **es...tengo** it is the only one I have [40] **tocar** to touch [41] **lugar** place [42] **donde...ver** where it can be seen [43] **pensar** to think [44] **no...nada** is not going to cost me anything [45] **nuevamente** again [46] **bien vestido(-a)** well dressed [47] **reloj** watch [48] **pesos** units of Mexican currency

—¿También vende usted violines? ¿Tan bueno es que está en una caja tan vieja?

—Ese violín no es mío. Ese violín en esa caja tan antigua[49] es de un músico.

5   —¿Puede usted enseñármelo? A mí me gustan mucho los violines.

Don Samuel toma la caja y la pone en las manos del señor rico. Este saca el violín de la caja. Después de mirarlo con mucho cuidado lo pone en la caja y dice:

10   —Ese violín es un Stradivarius, y si usted desea venderlo le pago ahora seiscientos pesos por él.

Don Samuel no dice nada. No puede decir nada. No dice nada pero piensa mucho. Piensa en el dinero que puede ganar[50] si le vende el violín del músico a este señor por seiscientos pesos.
15   Pero el violín no es de él todavía y no lo puede vender. Piensa en pagarle al músico unos cuantos pesos por él. El músico no es rico ni tiene dinero. El traje del músico es muy viejo y le puede pagar por el violín con un traje. Y si no desea un traje, le puede pagar hasta trescientos pesos. Si paga trescientos pesos por el
20   violín y se lo vende al señor rico por seiscientos, gana trescientos pesos. Ganar trescientos pesos en un día no es nada malo. No todos sus amigos pueden ganar trescientos pesos en un día. Después de pensar en esto por algunos minutos dice:

—El violín no es mío, pero si usted desea yo puedo hablar
25   con el músico y preguntarle si[51] desea venderlo.

—¿Puede usted ver a ese señor? Deseo tener un Stradivarius y puedo pagar mucho dinero por éste.

—¿Y hasta cuánto puedo pagarle al músico por su violín?

—Puede pagarle hasta mil pesos por él. Y yo le pago cin-
30   cuenta pesos más para usted. Dentro de dos días deseo saber si el músico vende o no vende su violín, porque deseo ir a Veracruz[52] y no puedo estar aquí en México más de tres días.

Cuando don Samuel ve que el señor rico quiere pagar mil pesos por el violín, no sabe qué decir. Sólo piensa en los tres-
35   cientos pesos o más que va a ganar. También piensa en el músico. Piensa que el músico no sabe que tiene un Stradivarius. Y ahora

---

[49] **antiguo(-a)** antique, ancient   [50] **ganar** to make, earn   [51] **preguntarle si** ask him whether   [52] **Veracruz** seaport on the east coast of Mexico

sólo desea ver al músico otra vez,[53] para preguntarle si quiere vender el violín.

El señor rico se va de la tienda. Don Samuel, después de unos minutos, toma el violín con mucho cuidado y lo pone en la caja vieja. Después piensa otra vez en lo que va a ganar.   5

V

Al día siguiente el músico regresa a la tienda de don Samuel. Le dice que todavía no sabe nada de su tío en Guadalajara, pero que espera[54] saber algo dentro de uno o dos días más. También le dice que quiere su violín. Don Samuel toma el violín y lo pone en las manos del músico. Unos minutos después le dice: 10

—Si no sabe usted nada de su tío todavía, no hay cuidado; puede dejar aquí esas cosas unos días más. También quiero decirle que si desea vender su violín yo tengo un amigo a quien le gusta mucho la música y desea tener un violín. ¿Dice usted que este violín es bueno?   15

—Sí, señor, es muy bueno y no lo vendo.

—Pero yo le pago muy bien. Le doy[55] a usted trescientos pesos por su violín.

—¿Trescientos pesos por mi violín? Por seiscientos pesos no lo vendo.   20

—Le voy a dar los seiscientos pesos.

—No, señor, no puedo vender mi violín.

Don Samuel, cuando ve que el músico no desea vender el violín por seiscientos pesos, le dice que le da seiscientos cincuenta pesos. El músico después de pensar unos cuantos minutos, dice: 25

—¿Seiscientos cincuenta pesos por mi violín? Yo no tengo dinero ni soy rico. Este violín es todo lo que tengo y no lo puedo vender por seiscientos cincuenta pesos. Pero si usted me da ochocientos pesos...ochocientos pesos ya es algo.   30

Don Samuel, antes de decir que sí, piensa por algunos minutos: «Le pago ochocientos pesos a este músico y lo vendo por mil al otro señor. Me gano doscientos pesos. También gano los

---

[53] **vez** time, **otra vez** again   [54] **esperar** to hope, expect   [55] **dar** to give

cincuenta pesos más que me va a dar el señor. Ya son doscientos
cincuenta pesos que gano. No está mal ganar todo esto en sólo
un día. Ninguno de mis amigos puede ganar tanto dinero como
yo en un día». Después de pensar en esto, le dice al músico:

5   —Aquí están los ochocientos pesos.

Don Samuel saca de una caja ochocientos pesos y se los da
al músico. Éste toma el dinero y dice:

—Este dinero es todo lo que tengo. Para mí ochocientos pesos
es mucho dinero. Pero ahora ya no[56] tengo violín. Ya soy rico,
10 pero ahora no soy músico.

El músico mira su violín por última vez[57] y se va muy contento, sin pensar en pagar las cosas de su tío de Guadalajara con
los ochocientos pesos. Don Samuel, como está tan contento por
tener el violín, tampoco[58] le dice nada al músico sobre esto.

15   Don Samuel espera todo el día al señor rico que va a pagar
mil pesos por el violín, pero el señor no viene[59] a la tienda.
Espera otro día y tampoco llega. Espera dos días más y tampoco.
Después de esperar seis días, don Samuel ya no está muy contento y piensa que el señor de los mil pesos no va a llegar nunca.

20   Pero cuando piensa que tiene un Stradivarius, está contento
porque dice que ninguno de sus amigos tiene un violín tan bueno.
Cuando está solo en la tienda, don Samuel toma el violín en sus
manos, lo inspecciona con mucho cuidado y dice: «No todos
pueden tener un Stradivarius como yo. Yo no soy músico, pero
25 me gusta tener un violín tan bueno como éste. Y si deseo, puedo
venderlo y ganar mucho dinero».

Un día llega a la tienda de don Samuel un músico que es
amigo de él. Este músico sabe mucho de violines.

—¿Qué piensa Ud. de[60] este violín?—le dice don Samuel, y
30 toma la caja para enseñarle el Stradivarius a su amigo.

—El músico toma el violín en sus manos, lo inspecciona con
mucho cuidado y le dice a don Samuel:

—Don Samuel, este violín es muy malo; no vale más de[61]
cinco pesos.

---

[56] **ya no** no longer   [57] **por última vez** for the last time   [58] **tampoco** either,
neither   [59] **venir** to come   [60] **¿qué piensa Ud. de...?** what do you think
of . . . ?   [61] **no vale más de** it is not worth more than

—Pero amigo mío, ¿qué dice usted? ¿que este violín es muy malo? ¿que no es un Stradivarius?

—Don Samuel, si este violín es un Stradivarius yo soy Paganini.[62] Este violín no es un Stradivarius ni vale más de cinco pesos, —le dice el músico por última vez.   5

Desde ese día don Samuel ya no está tan contento como antes. Siempre piensa en los ochocientos pesos del violín. Ya no va a Chapultepec con su familia porque ya no le interesa la música. Cuando ve los violines de los músicos piensa en sus ochocientos pesos. Pero siempre tiene el violín en su tienda. A   10 todos sus amigos se lo enseña y les dice:

—Esta lección de música vale para mí ochocientos pesos.

EXERCISES

I – III

READING COMPREHENSION

Select the word or phrase that best completes each statement according to *Un Stradivarius.*

1. Don Samuel tiene mucho dinero porque
   a) no hay tiendas ricas.
   b) su tienda está en México.
   c) su tienda vende muchas cosas a las personas ricas.

2. A don Samuel le gusta mucho ir a Chapultepec con su familia porque
   a) a ellos les gusta mucho el teatro.
   b) allí están contentos y él no tiene que pagar nada.
   c) allí no hay muchas personas ricas.

3. A los hijos de don Samuel les gusta mucho el Palacio de Bellas Artes porque
   a) allí siempre hay muchas personas ricas.
   b) allí tiene que pagar.
   c) allí hay un buen grupo de artistas.

---

[62] **Paganini** famous Italian violinist and composer

4. El señor que viene a la tienda
   a) es un músico muy pobre.
   b) tiene hijos a quienes les gusta mucho la música.
   c) quiere comprar una caja de música.

5. El músico desea comprar varias cosas para
   a) mandarlas a un tío pobre de Guadalajara.
   b) cambiarlas por un violín.
   c) mandarlas a un tío que las desea para una iglesia en Guadalajara.

Answer the following questions in Spanish.

1. ¿Cuántas personas hay en la familia de don Samuel? ¿Quiénes son?
2. ¿Cómo está vestido el músico?
3. ¿Por qué tiene que escribirle a su tío?
4. ¿Qué deja el músico en la tienda de don Samuel?
5. ¿Qué piensa don Samuel cuando mira el violín?
6. ¿Por qué decide don Samuel ayudar al músico?

VOCABULARY STUDY

A. *Vocabulary Usage*

Write sentences of your own using the following expressions.

1. tener mucho dinero
2. no comprar nada
3. lo que desea
4. estar contento
5. tener que + *infinitive*
6. tener cuidado
7. parece ser bueno
8. inspeccionar con cuidado

Select the word or expression in *Column B* most closely related to each term in *Column A*.

A	B
1. ___ alguien	a. caja
2. ___ rico	b. hijo
3. ___ violín	c. esposa
4. ___ padre	d. hora
5. ___ verdad	e. joven
6. ___ esposo	f. nadie
7. ___ viejo	g. mentira
8. ___ minutos	h. dinero

B. *Cognate and Word Formation Exercise*

Cognates are words that are spelled the same or nearly the same in Spanish and English. They often, but not always, carry the same or a similar meaning in both languages. There are exact cognates and approximate cognates.

melodrama	*melodrama*
presidente	*president*

Some cognates are almost identical, except for a written accent mark, or a change in a consonant or vowel.

álgebra	*algebra*
inteligente	*intelligent*
activo	*active*

Many words ending in **-cia** or **-cio** in Spanish are equivalent to those that end in **-ce** or **-cy** in English.

importancia	*importance*
tendencia	*tendency*

Find the Spanish cognates of the following words in sections I–III of *Un Stradivarius.*

1. general
2. family
3. palace
4. theater
5. to inspect

STRUCTURES

A. *Present Tense of Regular and Irregular Verbs*

Rewrite the following sentences with the present tense of the verbs indicated in parentheses.

1. Don Samuel (tener) _____ mucho dinero.
2. Ud. (ser) _____ un señor que tiene muchos amigos.
3. Las amigas de la esposa (ir) _____ con ella a la tienda.
4. Don Samuel (vender) _____ muchas cosas en su tienda.
5. La familia (estar) _____ muy contenta.
6. El músico (desear) _____ ver cosas para una iglesia en Guadalajara.

7. Yo (tener) _____ un tío muy rico.
8. La tienda (estar) _____ en México.
9. Ellos no le (decir) _____ nada al músico.
10. Tú no (necesitar) _____ esta caja.

B. *Negative Sentences*

To make a sentence negative simply place the word **no** in front of the verb.

Ellos **no** van al teatro.

If an affirmative word is present in the sentence, it must be replaced with its negative counterpart.

Affirmative words		Negative words	
algo	something	**nada**	nothing
alguien	someone, anyone	**nadie**	no one, not anyone
algún, alguno (-a), (-os), (-as)	any, some	**ningún, ninguno (-a)**	none, not any, neither
o...o	either . . . or	**ni...ni**	neither . . . nor
siempre	always	**jamás, nunca**	never, not ever
también	also	**tampoco**	neither

Alguien viene.   **Nadie** viene.
Algo pasa aquí.   **Nada** pasa aquí.

Notice in the previous examples that if the negative word precedes the verb, **no** is never used. However, **no** precedes the verb when other negative words follow the verb.

No viene nadie.

Rewrite each of the following sentences in the negative.

1. Alguien sabe la verdad.
2. Ellos compran algo.
3. El músico tiene dinero.
4. Los hijos siempre vienen a la tienda.
5. A la esposa también le gusta la música.
6. Todos van al concierto en el teatro.

7. ¿También desea ver otras cosas?
8. Tengo algo de lo que usted desea.
9. Voy a escribirle una carta a mi tío.
10. Ellos siempre van al teatro.
11. Como es músico es muy rico y tiene muchas cosas.

C. *Al* and *del*

The preposition **a** plus the definite article **el** contract to form **al**. The preposition **de** plus the definite article **el** contract to form **del**.

Ellos van **al** palacio.
Esta es la caja **del** violín.

Other combinations of the prepositions **a** and **de** plus the definite article do not contract.

Las amigas **de la** señora.
Los amigos **de los** hijos.

Rewrite the following sentences, supplying the prepositions **a** or **de** plus the appropriate definite article. Use the contractions **al** or **del** where necessary.

1. Don Samuel piensa venderle muchas cosas _____ músico.
2. La tienda no está muy lejos _____ iglesia.
3. Algunas _____ amigas _____ señora van con ella _____ tienda.
4. A don Samuel no le gusta ir _____ teatro porque tiene que pagar.
5. El violín _____ músico es muy viejo.

D. *Direct and Indirect Object Pronouns*

A direct object receives the action of the verb. The direct object pronoun replaces a direct object noun and is placed before a conjugated verb.

El músico compra **un violín**.
El músico **lo** compra.

The forms of the direct object pronouns are as follows:

Singular		Plural	
me	me	**nos**	us
te	you (**tú**)	**os**	you (**vosotros(-as)**
lo	him, you, it (*masc.*)	**los**	them (*masc.*), you
la	her, you, it (*fem.*)	**las**	them (*fem.*), you

An indirect object usually answers the questions *to whom?* or *for whom?* The indirect object pronoun replaces an indirect object noun and is usually placed before a conjugated verb.

El músico compra unas cosas **para su tío**.
El músico **le** compra unas cosas.

The forms of the indirect object pronouns are as follows:

Singular		Plural	
me	(*to*) me	**nos**	(*to*) us
te	(*to*) you (**tú**)	**os**	(*to*) you (**vosotros(-as)**
le	(*to*) him, (*to*) her, (*to*) you, (*to*) it	**les**	(*to*) them (*masc., fem.*), (*to*) you

Rewrite the following sentences, replacing the words in italics with a direct object pronoun in the proper position.

1. Don Samual tiene *muchas cosas.*
2. Nadie sabe *la verdad.*
3. El músico vende *unos instrumentos.*
4. Yo tengo *muchas cajas* aquí.
5. El señor inspecciona *el violín* con cuidado.

Rewrite the following sentences, replacing the words in italics with an indirect object pronoun in the proper position.

1. El músico escribe una nota *a su tío.*
2. Los hijos piden dinero *al padre.*
3. Don Samuel vende muchas cosas *a sus amigos ricos.*
4. Ese señor compra muchas cosas en la tienda *para mí.*
5. Un tío muy rico manda mucho dinero *para nosotros.*

E. *Special Construction with the Verb* **Gustar**

The verb **gustar** means *to like, to be pleasing*. This verb is conjugated with an indirect object pronoun. It is used in the third person singular or plural, depending on whether the subject is singular or plural.

(subject)
Me gusta **la tienda**.

(subject)
Me gustan **las tiendas**.

(a mí) me gusta	**(a nosotros) nos gusta**
(a ti) te gusta	**(a vosotros) os gusta**
(a usted) le gusta	**(a ustedes) les gusta**
(a él, a ella) le gusta	**(a ellos, a ellas) les gusta**

The prepositional phrase (**a** + *noun* or *pronoun*) is used for clarity or emphasis. It normally precedes the indirect object pronoun of the **gustar** construction.

Write complete sentences using the cues provided. Add any other necessary words.

EXAMPLE: la esposa / gustar / teatro

A la esposa le gusta el teatro.

1. don Samuel / gustar / mucho / música
2. su esposa / gustar / ir a / Chapultepec
3. ella / también / gustar / cosas / tienda
4. los hijos / gustar / artes
5. ¿ / Ud. / no / gustar / cosas / que / yo / tener / aquí / ?
6. yo / no / gustar / ese / vestido / viejo / músico
7. yo / gustar / mucho / música
8. músico / gustar / muchas / cosas
9. ¿ / tú / gustar / violines / ?
10. nosotros / gustar / profesores / inteligentes

IV – V

READING COMPREHENSION

Answer the following questions in Spanish.

1. ¿Cómo es el segundo señor que llega a la tienda?
2. ¿Qué desea comprar?
3. ¿Por qué cree el señor que don Samuel vende violines?
4. ¿Por qué quiere comprarle el violín a don Samuel?
5. ¿Por qué don Samuel no le puede vender el violín?
6. ¿Hasta cuánto puede pagarle don Samuel al músico por su violín?
7. ¿Por qué no se puede quedar el hombre en México por mucho tiempo?
8. ¿Cuánto piensa ganar don Samuel con la venta del violín?
9. ¿Por qué no quiere el músico vender su violín?
10. ¿Por cuánto lo compra don Samuel?
11. ¿Por qué cree Ud. que el músico no paga por las cosas que ordena para su tío en Guadalajara?
12. ¿Qué piensa del violín el amigo de don Samuel?
13. ¿Por qué tiene don Samuel el violín en su tienda?

VOCABULARY STUDY

A. *Vocabulary Usage*

Write sentences of your own using the following expressions.

1. unos días después
2. sacar de
3. no ser nada malo
4. ir a ganar
5. no hay cuidado
6. estar contento

Rewrite the following paragraph, filling in the blanks with the appropriate words from the list below.

gusta	pagar	dinero
van	rico	música
tienda	es	

Don Samuel tiene una _____ . El _____ un hombre muy _____ , pero no le _____ gastar su _____ . Los domingos, él y su familia _____ a Chapultepec porque les gusta mucho la _____ y allí no tienen que _____ nada.

B. *Cognate and Word Formation Exercise*

Find the Spanish cognates of the following English words in Sections IV–V of *Un Stradivarius*.

1. person
2. music
3. violin
4. minute
5. content
6. antique

STRUCTURES

A. *Interrogatives*

Supply the questions that elicit the following answers, using these interrogative words: **cuánto, qué, dónde, quién, cómo.**

EXAMPLE: El músico vende el violín.

¿Quién vende el violín?

1. Puede poner su violín aquí.
2. Este reloj vale cincuenta pesos.
3. El violín es de un músico pobre.
4. El dueño de la tienda se llama Samuel.
5. Pienso que este violín es muy malo.

B. *Possessive Adjectives*

Possessive adjectives agree in gender and number with the nouns they modify. They are placed before the noun modified.

Mi violín es un Stradivarius.

Rewrite the following sentences using the possessive adjective.

1. *(His)* _____ tienda está en México.
2. Creo que algunos de *(his)* _____ amigos no son buenos.
3. La esposa no desea *(our)* _____ dinero.
4. Dice don Samuel que *(your, fam.)* _____ hijos no te quieren.
5. *(Our)* _____ caja es muy antigua.

C. Direct and Indirect Object Pronouns

Direct and indirect object pronouns are usually placed directly before a conjugated verb. However, when used with an infinitive, the direct or indirect object pronouns may be placed either in front of the conjugated verb or attached to the infinitive.

El señor quiere comprar **un reloj.**
El señor **lo** quiere comprar. *or* El señor quiere comprar**lo.**

Rewrite the following sentences, replacing the words in italics with a direct or an indirect object pronoun in the proper position.

1. Si Ud. desea vender *el violín*, le pago mil pesos por él.
2. El músico quiere comprar *muchas cosas* para la iglesia.
3. ¿Hasta cuánto puedo pagar *al músico* por su violín?
4. Quiero preguntar *a ellos* la verdad.
5. El cuento puede enseñar (*a nosotros*) una lección.

When the direct and the indirect object pronouns are used in the same sentence, the indirect object pronoun *always precedes* the direct object. When both the indirect and the direct object pronouns begin with **l,** the indirect object pronoun changes to **se.**

Don Samuel **le** da **dinero** al músico.
Don Samuel **se lo** da.

Rewrite the following sentences, replacing the words in italics with a direct and/or indirect object pronoun.

1. Yo le vendo *muchas cosas* a las iglesias de México.
2. El enseña un *violín a su amigo.*
3. Don Samuel nos vende *una caja antigua.*
4. El da *ochocientos pesos al músico.*
5. Nosotros vamos a comprarte un *instrumento musical.*

WRITING PRACTICE

Write a short paragraph (40 words) using some or all of the following words. Make all necessary changes.

tienda	ir	desear
tener	nadie	violín
rico	verdad	poner
dinero	esposa	caja
hay	hijos	antiguo
cosas	contento	esperar
vender	música	ochocientos pesos
amigo	gustar	

COMMUNICATIVE ACTIVITY

Choose one of the topics listed below and prepare to answer questions about it in class.

1. Las relaciones de don Samuel con su esposa e hijos.
2. Don Samuel como hombre de negocios.
3. El negocio entre don Samuel y el músico.

Las mulas[1] de su Excelencia

VICENTE RIVA PALACIO

❧

I

En toda la Nueva España[2] no hay mulas como las dos de su excelencia el señor Virrey.[3] A todas las personas de la Nueva España les gusta tener buenas mulas. Los ricos de la ciudad[4] tienen buenas mulas, pero no como las del señor Virrey.

5   A su Excelencia le gustan mucho sus mulas, porque sabe que en toda la Nueva España no hay otras como ellas. El cochero[5] del Virrey tiene que cuidar bien las mulas. Como sabe que su Excelencia está muy orgulloso de ellas,[6] él las cuida mucho.

El Virrey todos los días habla con su cochero. Este siempre
10 le espera cerca del coche. Antes de entrar en el coche, su Excelencia mira las mulas con orgullo.

El Virrey todos los días va en su coche por la ciudad. Algunos días sale de la ciudad y va hasta algún pueblo cerca de México. Algunos días va más lejos. Por el camino al Virrey le gusta hablar
15 con su cochero sobre los acontecimientos[7] del día, la familia y los amigos.

Después de ir por la ciudad y de pasar por las tiendas del centro, el cochero lleva[8] al Virrey a ver la iglesia. Sabe que al Virrey le gusta ir allí todos los días, aunque la iglesia todavía
20 está en construcción.[9] Hay muchos hombres que trabajan allí tratando de acabarla lo más pronto posible.[10] El Virrey siempre habla con los trabajadores[11] porque desea saber cuándo van a terminarla. Muchos de los hombres que trabajan allí son españoles. Otros son indios. Pero siempre hay más indios que
25 españoles.

---

[1] **mula** mule   [2] **Nueva España** name given to México by the Spanish conquerors   [3] **Virrey** viceroy   [4] **ciudad** city   [5] **cochero** coachman
[6] **está...de ellas** is very proud of them   [7] **acontecimiento** event, incident
[8] **llevar** to take, carry   [9] **está en construcción** is under construction
[10] **lo...posible** as soon as possible   [11] **trabajador** worker

II

El amo[12] de los trabajadores españoles se llama Pedro Noriega. Pedro Noriega es español. El amo de los trabajadores indios se llama Luis Rivera. Luis Rivera también es español.

Los indios y los españoles trabajan muy cerca los unos de los otros.[13] Pedro Noriega, el amo de los españoles, siempre les 5 dice en voz alta[14] a sus hombres cuando no trabajan mucho:

—¡Qué españoles tan tontos,[15] parecen indios! ¡Son unos bellacos![16]

Pero cuando acaba de decir esto, Luis Rivera, amo de los trabajadores indios, también les dice en voz alta a sus hombres: 10

—¡Qué indios tan bellacos, parecen españoles! ¡Son unos infelices![17]

A Pedro Noriega no le gusta lo que dice Luis Rivera, y a Luis Rivera tampoco le gusta lo que dice Pedro Noriega. Todo lo que hace uno le parece mal al otro. No pueden existir juntos.[18] Pedro 15 Noriega dice que Luis Rivera es muy tonto y poco útil,[19] y Rivera dice que Noriega es aún más tonto y menos útil.

Después de muchos días de pelear,[20] los dos hombres tienen una riña[21] violenta. En la riña, Pedro Noriega mata[22] a Luis Rivera. Los guardias[23] del Virrey se llevan preso a Pedro Noriega.[24] 20

III

El Virrey dice que desea darles una buena lección a los hombres que trabajan en la iglesia y siempre están peleando. Y por eso Noriega es juzgado[25] en sólo tres días. Le van a matar en unos cuantos días más.

La familia de Noriega, su esposa y su hija, va a verle en 25 prisión. Los guardias no le dejan hablar con su esposa e hija. Noriega está incomunicado hasta el día de su muerte. Cuando la esposa y la hija saben esto, van a ver al Virrey para hablar con

---

[12] **amo** boss   [13] **cerca los unos...otros** close to one another   [14] **en voz alta** aloud, loudly   [15] **tonto(-a)** foolish   [16] **bellaco(-a)** deceitful   [17] **infeliz** miserable   [18] **junto(-a)** together   [19] **útil** useful   [20] **pelear** to dispute   [21] **riña** fight   [22] **matar** to kill   [23] **guardia** guard   [24] **se...Noriega** take Noriega prisoner   [25] **juzgar** to judge

él para preguntarle si puede perdonar[26] a Noriega. Pero el Virrey
no está allí todavía.

Cuando logran ver a su Excelencia, éste les dice que no puede
perdonar a Noriega porque quiere darles un buen ejemplo a todos
5 los otros hombres que trabajan en la iglesia. También les dice
que el hombre que mata a otro hombre no puede ser perdonado.

Pero como la esposa y la hija de Noriega saben que el señor
Virrey es muy bueno, todos los días le esperan para hablarle otra
vez sobre el ansiado[27] perdón para Noriega. Siempre le esperan
10 cerca del coche porque saben que ése es un excelente lugar para
esperarle. Y como el cochero siempre está allí esperando al Virrey
y cuidando las mulas y el coche, las dos mujeres le confiesan su
honda pena.[28]

La hija de Noriega le pregunta al cochero—que también es
15 español—si él desea hablar con el Virrey para ver si quiere perdonar a su padre. El cochero está enamorado[29] de la hija de
Noriega, pero le dice que él no puede hablar con el Virrey sobre
eso, porque su padre ya está juzgado. La hija de Noriega se va
muy triste. Hay llanto en sus ojos.[30]

20 Un día antes del día en que van a matar a Noriega, el cochero
les dice a las dos mujeres que él cree que Noriega puede ser
perdonado. Hay una leve sonrisa en sus labios[31] cuando les dice
esto. Pero las dos mujeres piensan que sólo Dios[32] puede hacer
algo.

25 Y llega el día en que van a matar a Pedro Noriega. El prisionero sale seguido[33] de muchos guardias. También lo siguen
muchos hombres y mujeres de la ciudad. Hay indios y españoles.
Un guardia dice en voz alta:

—Este hombre ha matado[34] a Luis Rivera en una riña. Se le
30 ha juzgado y hoy tiene que morir.

---

[26] **perdonar** to pardon   [27] **ansiado(-a)** longed for; **ansiar** to long for
[28] **las...pena** the two women confess to him their deep sorrow
[29] **el...enamorado** the coachman is in love   [30] **hay...ojos** her eyes are
plaintive   [31] **hay...labios** there is a faint smile on his lips   [32] **Dios** God
[33] **seguido** followed; **seguir** to follow   [34] **ha matado** has killed

Noriega va por la calle entre los guardias y los vecinos de la ciudad. También va seguido de su esposa y de su hija. Los hombres y las mujeres del pueblo repiten:

—Noriega va a morir. Noriega va a morir.

IV

Ese día el Virrey, sin decir nada, sale a la calle, donde está esperándole su coche. Ese día no mira sus mulas antes de entrar en el coche. Está preocupado.[35] Sabe que Noriega va a morir y que él legalmente no puede perdonarlo.

El cochero ya sabe el camino que tiene que seguir. Las mulas   5
conocen bien la ciudad. Ese día el cochero no habla con el Virrey. El Virrey va en el coche en silencio, piensa en Noriega y no ve por donde va el coche.

Después de unos minutos, el Virrey se da cuenta[36] que su coche corre[37] rápidamente por las calles de la ciudad. Enseguida   10
le pregunta al cochero:

—¿Por qué corremos tanto?

—Señor, no puedo detener[38] las mulas.

Y las mulas siguen corriendo por las calles de la ciudad. El cochero no puede detenerlas. Finalmente las mulas se detienen.   15
El Virrey ve desde su coche que en la calle hay muchos hombres, mujeres y niños que dicen:

—¡Perdonado! ¡Perdonado!

El coche del Virrey se ha encontrado[39] con los guardias que llevan a Pedro Noriega y con los hombres y mujeres que le siguen   20
para verle morir. En la Nueva España hay una ley[40] que dice que si el Virrey se encuentra con un hombre que va a morir, ese hombre es inmediatamente perdonado. Y como el Virrey se encuentra con Noriega, Noriega es perdonado. El Virrey sigue en su coche por las calles de la ciudad, pero ahora va muy contento   25
porque le ha perdonado la vida a un hombre.

---

[35] **Está preocupado** He is worried   [36] **darse cuenta** to realize
[37] **correr** to run   [38] **detener** to hold back, stop   [39] **se ha encontrado** has
met   [40] **ley** law

Pero más contenta que el Virrey está la familia de Noriega. La esposa de Noriega dice que sin duda[41] Dios ha perdonado a su esposo. Pero el cochero del Virrey sabe que no todo lo ha hecho Dios.

5   Pocos días después, la hija de Pedro Noriega se casa con el cochero del Virrey. Ambos están muy contentos porque se quieren mucho y porque Pedro Noriega ha sido perdonado.

Desde ese día hay otra ley en la Nueva España que dice que los virreyes no pueden salir a la calle cuando alguien va a morir
10 castigado.

EXERCISES

I – IV

READING COMPREHENSION

Select the word or phrase that best completes each statement according to *Las mulas de su Excelencia.*

1. En toda la Nueva España no hay mulas
   a) como las del cochero.
   b) como las de la gente rica.
   c) como las del Virrey.

2. Todos los días, el Virrey va
   a) a visitar los pueblos cerca de México.
   b) a comprar en las tiendas del centro de la ciudad.
   c) a ver la iglesia que está en construcción.

3. Luis Rivera es
   a) un indio inútil.
   b) un trabajador tonto.
   c) un trabajador español.

4. A Pedro Noriega no le gusta
   a) lo que dice Luis Rivera.
   b) lo que hacen los españoles.
   c) lo que dicen los indios.

---

[41] **sin duda** without a doubt, undoubtedly

5. En la riña que tienen los dos amos
   a) Luis Rivera mata a Pedro Noriega.
   b) Pedro Noriega mata a Luis Rivera.
   c) Los guardias matan a Luis Rivera.
6. El Virrey condena a Pedro Noriega para
   a) saber quién es el más tonto.
   b) dar una buena lección.
   c) perdonar al asesino de Luis Rivera.
7. El cochero ayuda a Pedro Noriega porque
   a) cree que es inocente.
   b) no puede controlar las mulas.
   c) está enamorado de su hija.
8. Al final del cuento, Pedro Noriega no muere porque según la
   ley _____, éste es perdonado.
   a) si el cochero se encuentra con el condenado
   b) si el Virrey se encuentra con el condenado
   c) si Dios ya ha perdonado al condenado

VOCABULARY STUDY

A. *Vocabulary Usage*

Write sentences of your own using the following expressions.

1. no hay...como
2. cuidar mucho
3. antes de
4. tratar de acabar
5. lo más pronto posible
6. acabar de
7. llevar preso
8. tener una riña
9. dar una lección
10. honda pena
11. salir de

Rewrite the following paragraph, filling in the blanks with the appropriate words from the list below.

Noriega	ahí	cochero
mujeres	esposa	honda
hija	todos los días	enamorado
bueno	Virrey	siente
coche		

Como la _____ y la _____ de Noriega saben que _____ es un hombre muy _____, van _____ a esperarle cerca de su _____. Y como el _____ siempre está _____, las dos _____ le confiesan a él su _____ pena. Con el tiempo, el cochero _____ que está _____ de la hija de _____.

B. *Cognate and Word Formation Exercise*

In Spanish 1) adverbs generally end in **-mente** instead of the English **-ly;** 2) words ending in **-ción** generally correspond to English words ending in **-tion;** 3) words ending in **-ante, -ente, -ento** generally correspond to English words ending in **-ant, -ent, -ing.**

extraordinariamente	*extraordinarily*
extracción	*extraction*
violento	*violent*

It is usually helpful to delete the infinitive ending of a Spanish verb (**-ar, -er** or **-ir**) to recognize its English cognate.

preferir	*to prefer*
abandonar	*to abandon*

Find the Spanish cognates of the following English words in *Las mulas de su Excelencia.*

1. mule	5. indian	9. to pardon
2. excellency	6. to exist	10. excellent
3. construction	7. violent	11. legally
4. possible	8. prison	12. content

STRUCTURES

A. *Ser* vs. *Estar / Saber* vs. *Conocer*

Review the uses of **saber** vs. **conocer** and **ser** vs. **estar**. Then rewrite each sentence, selecting the verb needed to complete each sentence and using the appropriate present tense form. Explain your choice.

EXAMPLE: El cochero (estar / ser) en el centro de la ciudad.

El cochero está en el centro de la ciudad. **Location.**

1. El cochero (conocer / saber) _____ que al Virrey le gusta ver la iglesia.
2. El Virrey desea (conocer / saber) _____ cuándo van a terminar la iglesia.
3. Muchos trabajadores (estar / ser) _____ indios.
4. El Virrey (estar / ser) _____ muy orgulloso de sus mulas.
5. Pedro Noriega (estar / ser) _____ español.

6. Los trabajadores de la iglesia no (estar / ser) _____ unos tontos.

7. Cuando la esposa (conocer / saber) _____ que su esposo va a morir, quiere ver al Virrey.

8. Las mulas del Virrey (conocer / saber) _____ muy bien la ciudad.

9. El Virrey (estar / ser) _____ muy preocupado.

10. Estas mulas (estar / ser) _____ de su Excelencia, el Virrey.

B. *Present Participles*

To form the present participle of most Spanish verbs, the ending **-ando** (**-ar** verbs) or **-iendo** (**-er**, **-ir** verbs) is added to the stem of the infinitive.

cantar ⟶ cantando
comer ⟶ comiendo
salir ⟶ saliendo

Some verbs have irregular present participles:

decir	⟶	diciendo	**morir**	⟶	muriendo
dormir	⟶	durmiendo	**pedir**	⟶	pidiendo
ir	⟶	yendo	**servir**	⟶	sirviendo
leer	⟶	leyendo	**venir**	⟶	viniendo

Write the present participle of the following verbs:

1. tratar
2. trabajar
3. saber
4. vivir
5. leer

6. hacer
7. ir
8. esperar
9. correr
10. decir

C. *Present Progressive Tense*

The present progressive tense is used to describe an action in progress at a specific moment in time. It is formed with the present tense of the verb **estar** plus the present participle of the verb to be conjugated.

El cochero **está hablando** con la hija de Noriega.

Rewrite the following sentences, changing the verb into the present progressive form.

EXAMPLE: Él habla mucho.

     Él *está hablando* mucho.

1. Los trabajadores españoles trabajan en la construcción de la iglesia.
2. Pedro y Luis siempre riñen.
3. El cochero espera al Virrey al lado del coche.
4. Las mulas corren por las calles de la ciudad.
5. Tú sales mucho con ese amo tonto.

D. *Past Participles*

Regular past participles are formed by adding **-ado** to **-ar** verbs and **-ido** to **-er** and **-ir** verbs.

hablar	$\longrightarrow$	hablado
comer	$\longrightarrow$	comido
vivir	$\longrightarrow$	vivido

The following verbs have irregular past participles:

abrir	$\longrightarrow$	abierto	**morir**	$\longrightarrow$	muerto
cubrir	$\longrightarrow$	cubierto	**poner**	$\longrightarrow$	puesto
decir	$\longrightarrow$	dicho	**resolver**	$\longrightarrow$	resuelto
describir	$\longrightarrow$	descrito	**romper**	$\longrightarrow$	roto
escribir	$\longrightarrow$	escrito	**ver**	$\longrightarrow$	visto
hacer	$\longrightarrow$	hecho	**volver**	$\longrightarrow$	vuelto

---

Write the past participle of the following verbs:

1. morir
2. incomunicar
3. perdonar
4. ansiar
5. enamorar
6. juzgar
7. seguir
8. matar
9. preocupar
10. encontrar

E. *The Present Perfect Tense*

The present perfect tense is formed with the present indicative of the auxiliary verb **haber** plus the past participle of the verb to be conjugated. Note that when the past participle is an integral part of a perfect tense, it *always* ends in **-o.** The present perfect is used to describe an action that has recently taken place.

Yo **he hablado** mucho. *I have talked a lot.*

Él **ha comido** aquí. *He has eaten here.*

Rewrite the following sentences, using the present perfect tense of the verbs in parentheses.

1. El Virrey va muy contento porque le (perdonar) _____ la vida a un hombre.
2. El cochero sabe que no todo lo (hacer) _____ Dios.
3. La hija y la esposa (hablar) _____ mucho con el cochero.
4. Pedro Noriega está en la prisión porque (matar) _____ a un hombre.
5. Ese hombre (ser) _____ juzgado y va a morir.

F. *Ir a* + *infinitive*

Ir a + *infinitive* is used in Spanish to express an action or event that is going to take place in the future.

El Virrey no **va a perdonar** a Noriega porque quiere dar un buen ejemplo.

Rewrite the following sentences using **ir a** + infinitive.

EXAMPLE: Él quiere saber cuándo terminas.

*Él quiere saber cuándo **vas a terminar.***

1. El Virrey desea saber cuándo acaban Uds.
2. Ellos le dan una buena lección.
3. Le matan en unos cuantos días.
4. La esposa y la hija ven al Virrey.
5. Los guardias juzgan a Noriega.
6. Noriega muere castigado.

G   The Expressions *acabar de*, *tratar de*, *tener que*

These expressions are always followed by an infinitive. **Acabar de** means *to have just*, **tratar de** *to try to*, and **tener que** *to have to*.

Acabo de hablar.	*I have just spoken.*
Trata de comer.	*He tries to eat.*
Tiene que hacerlo.	*She has to do it.*

Translate the following sentences.

1. They have just arrived.
2. He has to die today.
3. You (*fam.*) have to take care of the mules.
4. The workers are trying to finish the church.
5. We have just read a good story.

WRITING PRACTICE

Write a short paragraph using some or all of the following words. Make all necessary changes.

mulas	cochero	riña
buenas	hablar	matar
ricos	acontecimientos	condenar
Virrey	iglesia	muerte
coche	dos	perdonar
ciudad	españoles	contento

Your paragraph will be evaluated for grammatical accuracy and correct vocabulary usage. It should be at least forty words in length.

COMMUNICATIVE ACTIVITY

Prepare one of the two questions listed below to be discussed in class with two of your classmates. At the end of your discussion, summarize your observations for the other members of the class.

1. ¿Cree Ud. que Pedro Noriega debe ser perdonado? ¿Por qué?
2. ¿Qué piensa Ud. del final de la historia? ¿Puede explicar la conclusión?

REVIEW EXERCISE

After reviewing the vocabulary and grammar covered in *Part 1*, complete the paragraph below by supplying the correct verb forms or the Spanish equivalents of the words in parentheses.

LA CONFESIÓN DEL COCHERO

Sí, padre, tengo que (to tell you) _____ lo que (desear) _____ hacer hoy. ¿Cómo dice? Padre, tiene que hablar (loudly) _____ . Sí, sí (my eyes are plaintive) _____ porque (I am worried) _____ . ¿Conoce Ud. a Noriega? Sí, el condenado a muerte. El (viceroy) _____ dice que no (poder) _____ perdonarlo porque no es legal. Pero yo (wish) _____ obtener el perdón para Noriega. (I am in love with his daughter) _____ y quiero casarme con ella. Padre, lo que le voy a decir a Ud. (I have not told it to anyone) _____ . Mi (boss) _____ , el Virrey, no sabe lo que voy a hacer. Y (I am never going to tell it to him) _____ . Como Ud. sabe, padre, yo soy su (coachman) _____ . Yo (conocer) _____ bien (all the places that he likes to visit) _____ . Yo (saber / conocer) _____ que a él le (gustar) _____ pasar por la (church under construction) _____ y hablar con los (workers) _____ . El quiere ir, como todos los días, a la iglesia. Pero yo no voy a (stop there) _____ ni a hablar con él. El no va a (realize) _____ porque está muy preocupado con la muerte de Noriega. Voy a detener las mulas en la prisión. Allí el Virrey se va a (encontrar) _____ con el prisionero y con los (guards) _____ que (follow him) _____ para verle morir. No, padre, no es por eso. Es porque (there is) _____ una (ancient law) _____ que dice que si el Virrey se encuentra (with a man who is about to die) _____ , éste hombre es inmediatamente perdonado. El Virrey (does not know what I am about to do) _____ . (Without a doubt) _____ , él va a tener que perdonar a Noriega porque él se va a (encontrar) _____ con él. Voy a ayudar a Noriega porque (I want to marry his daughter) _____ . Pero no le puedo decir (the truth) _____ al Virrey. ¿Cómo dice, padre? Sí, padre, sí (I am going to be very careful) _____ .

PART
II

Part 2 contains two short poems, one by the Cuban writer and patriot José Martí (1853–1895) and the other by the Spanish intellectual Juan Eugenio Hartzenbusch (1806–1880); three mini-stories by the Argentine short story writer Enrique Anderson-Imbert (1910); a myth retold by the Colombian anthropólogist and writer Hugo Niño (1947); and finally, a longer narrative by an Uruguayan master of the unusual, Horacio Quiroga (1878–1937).

La perla de la mora, by Martí, and *El árabe hambriento*, by Hartzenbusch, both deal with disillusionment. You will be surprised to see how well these two completely different poems complement each other.

The mini-stories by Anderson-Imbert—*Las estatuas, Teseo* and *Luna*—are built around mythological facts or common events that are skillfully manipulated to make them turn out to be different from what the reader expected. It is easy and fun to become addicted to Anderson-Imbert's *minicuentos*.

Los ticunas pueblan la tierra, by Niño, is based on a creation myth as it is told by a South American Indian tribe from the Amazonian basin. Niño's effort to save the dying folklore of Latin America's indigenous cultures has resulted in a book, *Primitivos relatos contados otra vez*, that in 1976 received one of the coveted literary prizes from Casa de las Américas in Cuba. Our selection is adapted from the original version that Niño published in this collection of little known myths and stories.

Las medias de los flamencos tells about the human condition through a cleverly allegorical narration about the revenge of the coral snakes against the bewildered flamingos. Quiroga can certainly be counted among the Latin American masters of the short story.

STUDY GUIDE

Before you begin working with the selections in this unit, you should complete several activities which will make the reading easier and more profitable, and will prepare you for class discussion.

1. Glance over the footnotes and vocabulary exercises, paying particular attention to the cognate and word formation section. You should also glance over the individual selections to grasp the main points of the stories.
2. Review **ser** and **estar** and the use of the preterit and imperfect tenses before reading *La perla de la mora, El árabe hambriento, Las estatuas,* and *Teseo.*
   Before reading *Luna* and *Los ticunas pueblan la tierra* review the following points of grammar at the end of the selections: the preterit, imperfect and pluperfect tenses; the past progressive, reflexive verbs; and the demonstratives.
3. Review the points of grammar covered in each section before doing the Writing Practice. The purpose of this composition exercise is to practice the vocabulary and grammatical structures you have learned.
4. In preparing for the Communicative Activity at the end of each section, write down your thoughts on the topic you have chosen for discussion, and practice them aloud several times in order to improve your oral skills.

Poemas, cuentecillos, mitos y fábulas

I

La perla[1] de la mora[2]
José Martí

Una mora de Trípoli[3] tenía
Una perla rosada,[4] una gran perla,
Y la echó[5] con desdén[6] al mar[7] un día:
—¡Siempre la misma! ¡ya me cansa verla![8]
5 Pocos años después, junto a la roca[9]
De Trípoli... ¡la gente llora[10] al verla!
Así le dice al mar la mora loca:[11]
—¡Oh mar! ¡oh mar! ¡devuélveme[12] mi perla!

II

El árabe hambriento[13]
Juan Eugenio Hartzenbusch

Perdido[14] en un desierto,[15]
10 Un árabe infeliz,[16] ya medio muerto[17]
Del hambre y la fatiga,[18]
Se encontró un envoltorio[19] de vejiga.[20]
Lo levantó, le sorprendió el sonido[21]
Y dijo, de placer estremecido;[22]
15 —¡Avellanas[23] parecen!—Mas al verlas,[24]

---

[1] **perla** pearl [2] **moro(-a)** Moor [3] **Trípoli** seaport on the NW coast of Libya [4] **rosado(-a)** pink, rosy [5] **echar** to throw [6] **desdén** contempt, disdain [7] **mar** sea [8] **¡ya...verla!** I am already tired of seeing it! [9] **junto...roca** next to the rock [10] **llorar** to cry [11] **loco(-a)** crazy [12] **devuélveme** give me back [13] **hambriento(-a)** hungry [14] **perder** to lose; **perdido(-a)** lost [15] **desierto** desert [16] **infeliz** unfortunate [17] **ya...muerto** already half dead [18] **Del...fatiga** from hunger and fatigue [19] **envoltorio** bundle [20] **vejiga** bladder, a package made from a bladder [21] **le...sonido** its sound surprised him [22] **de placer estremecido** quivering with delight [23] **avellana** hazelnut [24] **mas al verlas** but upon seeing them

Con tristeza[25] exclamó: ¡Sólo son perlas!
En ciertas ocasiones
No le valen al rico sus millones.[26]

III
Las estatuas
Enrique Anderson-Imbert

En el jardín[27] de Brighton, colegio de señoritas, hay dos estatuas: la de la fundadora[28] y la del profesor más famoso. Cierta noche— 5
todo el colegio, dormido—una estudiante traviesa[29] salió a escondidas[30] de su dormitorio y pintó sobre el suelo, entre ambos pedestales, huellas de pasos:[31] leves[32] pasos de mujer, decididos[33] pasos de hombre que se encuentran en la glorieta[34] y se hacen el amor a la hora de los fantasmas.[35] Después se retiró 10 con el mismo sigilo,[36] regodeándose por adelantado[37].... ¡Las caras[38] que van a poner! Cuando al día siguiente fue a gozar la broma,[39] vio que las huellas habían sido lavadas y restregadas:[40] algo sucias de pintura le quedaron las manos a la estatua[41] de la señorita fundadora. 15

IV
Teseo[42]
Enrique Anderson-Imbert

Teseo, que acababa de matar al Minotauro, se disponía a salir del Laberinto[43] siguiendo[44] el hilo[45] que había desovillado,[46]

---

[25] **tristeza** sadness   [26] **no...millones** his millions are not worth anything to the rich man   [27] **jardín** garden, yard   [28] **fundador(-a)** founder   [29] **travieso(-a)** mischievous   [30] **a escondidas** secretively   [31] **huellas de pasos** footprints   [32] **leve** light   [33] **decidido(-a)** determined, resolute   [34] **glorieta** arbor   [35] **fantasma** ghost   [36] **con...sigilo** with the same secrecy   [37] **regodeándose por adelantado** getting immense enjoyment in advance   [38] **cara** face; ¡**las... poner!** the faces they are going to make!   [39] **broma** prank   [40] **restregar** to rub   [41] **algo...estatua** the hands of the statue were still somewhat dirty with paint.   [42] **Teseo** Theseus, Greek hero famous for killing the Minotaur, a monster half man and half bull, kept in a Labyrinth in Crete   [43] **se...Laberinto** was getting ready to leave the Labyrinth   [44] **seguir** to follow   [45] **hilo** thread, yarn   [46] **desovillar** to unwind; **ovillar** to wind into a ball

cuando oyó pasos y se volvió.[47] Era Ariadna,[48] que venía por el corredor reovillando su hilo.

—Querido—[49] le dijo Ariadna simulando que no estaba enterada[50] del amorío[51] con la otra, simulando que no advertía[52] el desesperado gesto[53] de "¿y ahora qué?"[54] de Teseo—, aquí tienes el hilo todo ovilladito[55] otra vez.

V

Luna[56]
Enrique Anderson-Imbert

Jacobo, el niño tonto,[57] solía[58] subirse[59] a la azotea[60] y espiar[61] la vida de los vecinos.[62]

Esa noche de verano el farmacéutico[63] y su señora estaban en el patio, bebiendo un refresco[64] y comiendo una torta,[65] cuando oyeron que el niño andaba por la azotea.

—¡Chist![66] —le dijo el farmacéutico a su mujer—. Ahí[67] está otra vez el tonto... Debe de estar espiándonos. Le voy a dar una lección. Debes seguirme la conversación...

Entonces, alzando la voz,[68] dijo:

—Esta torta está sabrosísima.[69] Tienes que guardarla[70] porque si nos entramos alguien se la puede robar.[71]

—¡Cómo la van a robar! La puerta de la calle está cerrada con llave.[72] Las ventanas, con las persianas apestilladas.[73]

—¿Y... no pueden bajar desde la azotea?

---

[47] **se volvió** turned around   [48] **Ariadna** Ariadne, king Minos' daughter, who gave Theseus the thread by which he found his way out of the Labyrinth   [49] **querido** darling   [50] **enterado(-a)** aware   [51] **amorío** affair   [52] **advertir** to notice   [53] **gesto** expression   [54] **¿y...qué?** and now what?   [55] **ovilla***dito* wound (**-ito** a suffix used to form diminutives)   [56] **luna** moon   [57] **tonto(-a)** idiot, retarded   [58] **soler** to be in the habit of   [59] **subirse** to climb up   [60] **azotea** flat roof   [61] **espiar** to spy on   [62] **vecino** neighbor   [63] **farmacéutico** pharmacist, druggist   [64] **refresco** soft drink   [65] **torta** cake   [66] **¡chist!** ssh! hush!   [67] **ahí** there   [68] **alzando la voz** raising his voice   [69] **sabrosísima** very tasty   [70] **guardar** to put away   [71] **robar** to steal, to rob   [72] **llave** key; **cerrada con llave** locked   [73] **persianas apestilladas** locked shutters; **persiana** slotted shutter; **pestillo** bolt

—Imposible. No hay escaleras: las paredes del patio son lisas[74]...

—Bueno: te voy a decir un secreto. En noches como ésta si una persona dice tres veces «tarasá» puede arrojarse de cabeza,[75] deslizarse[76] por la luz y llegar sano y salvo[77] aquí, agarrar[78] la torta, escalar[79] los rayos de la luna e irse muy contento. Pero vámonos,[80] que ya es tarde y hay que dormir.

Se entraron dejando la torta sobre la mesa y se asomaron[81] por una persiana del dormitorio para ver qué hacía el tonto. Lo que vieron fue que el tonto, después de repetir «tarasá», se arrojó de cabeza al patio, se deslizó como por un suave tobogán[82] de oro, agarró la torta y con la alegría de un salmón remontó[83] aire arriba[84] y desapareció entre las chimeneas de la azotea.

VI
Los ticunas pueblan[85] la tierra[86]
Hugo Niño

Este es el mito,[87] la historia de la creación, la explicación del origen del pueblo[88] de los ticunas, llamados pieles-negras[89] por sus vecinos, porque así[90] es como adornan[91] su cuerpo en las ceremonias a los dioses, a los protectores del clan. Esta es la historia principal según es narrada por los viejos. Ellos se la enseñan a los más jóvenes, y más tarde éstos se la enseñan a sus descendientes; así ha sido desde el principio;[92] que no se duda[93] de la enseñanza[94] del mito y nadie puede modificarlo por su deseo. Sólo los sabios[95] lo cambian y lo transforman.

---

[74] **liso(-a)** smooth   [75] **arrojarse de cabeza** to throw oneself headfirst
[76] **deslizarse** to slide   [77] **sano y salvo** safe and sound   [78] **agarrar** to grab
[79] **escalar** to climb   [80] **vámonos** let's go; **irse** to go   [81] **asomarse** to lean out
[82] **tobogán** slide   [83] **remontarse** to soar   [84] **aire arriba** up into the air
[85] **poblar** to populate   [86] **tierra** the Earth   [87] **mito** myth   [88] **pueblo** people
[89] **pieles-negras** blackskins; **piel** skin; **negra** black   [90] **así** thus, in this way
[91] **adornar** to decorate   [92] **desde el principio** all along, from the beginning
[93] **dudar** to doubt; **no se duda** one does not doubt   [94] **enseñanza** teaching
[95] **sabio(-a)** wise-man

Este es, pues, el mito, como se relata[96] en la aldea de Puerto
Nariño, a la orilla izquierda del Amazonas,[97] territorio de Colombia, donde ahora viven ticunas de muchas partes.

Yuche vivía desde el principio solo en el mundo. En com-
5 pañía de las perdices,[98] los monos[99] y los grillos[1] había visto
envejecer[2] la tierra. A través de[3] los monos, las perdices y los
grillos se daba cuenta de que el mundo vivía y de que la vida
era tiempo y el tiempo... muerte.

No existía en la tierra sitio[4] más bello que aquél donde Yuche
10 vivía; era una pequeña choza[5] en un claro de la selva[6] y muy
cerca de un arroyo[7] enmarcado[8] en playas de arena fina.[9] Todo
era tibio[10] allí; ni el calor ni la lluvia entorpecían la placidez[11]
de aquel lugar.

Dicen que nadie ha visto el sitio, pero todos los ticunas
15 esperan ir allí algún día.

Una vez Yuche fue a bañarse[12] al arroyo, como de costumbre.[13] Llegó a la orilla y se metió en el agua[14] hasta que se
estuvo casi enteramente sumergido.[15] Al lavarse[16] la cara se in-
clinó hacia adelante[17] mirándose en el espejo del agua;[18] por
20 primera vez notó que había envejecido.

El verse viejo le entristeció[19] profundamente:

—Estoy ya viejo... y solo. ¡Oh!, si muero, la tierra va a quedar
más sola todavía.

Triste y despaciosamente regresó a su choza.

25 El susurro[20] de la selva y el canto de las aves[21] lo llenaban
ahora de infinita melancolía.

Yendo[22] en camino sintió un dolor en la rodilla.[23] ¿Lo había
picado[24] algún insecto? No pudo darse cuenta, pero pensó que

---

[96] **relatar** to tell, to recount   [97] **orilla...Amazonas** left bank of the Amazon, a
river in South America   [98] **perdiz** partridge   [99] **mono** monkey   [1] **grillo**
cricket   [2] **envejecer** to age   [3] **a través de** by means of   [4] **sitio** place
[5] **choza** hut   [6] **claro...selva** clearing in the jungle   [7] **arroyo** stream
[8] **enmarcar** to frame   [9] **playa...fina** fine sand beach   [10] **tibio** mild
[11] **entorpecer la placidez** to disturb the peacefulness   [12] **bañarse** to bathe
oneself   [13] **como de costumbre** as usual   [14] **meterse en el agua** to get into
the water   [15] **sumergido(-a)** submerged   [16] **al lavarse** upon washing
[17] **inclinarse...adelante** to lean forward   [18] **mirándose...agua** looking at
himself in the mirror of the water   [19] **entristecer** to sadden   [20] **susurro**
murmuring   [21] **ave** bird   [22] **yendo** pres. part. of **ir**   [23] **rodilla** knee
[24] **picar** to sting

había podido ser una avispa.[25] Comenzó a sentir que un pesado sopor[26] lo invadía.

—Es raro[27] como me siento. Me voy a acostar en mi choza.

Siguió caminando con dificultad y al llegar a su choza se acostó y se quedó dormido.[28]

Tuvo un largo sueño. Soñó que mientras más soñaba, más se envejecía y más débil[29] se ponía y que de su cuerpo agónico[30] se proyectaban otros seres.[31]

Despertó muy tarde, al otro día. Quiso levantarse, pero el dolor se lo impidió.[32] Entonces se miró la inflamada[33] rodilla y notó que la piel se había vuelto transparente. Le pareció que algo en su interior se movía. Al acercar más los ojos vio con sorpresa que, allá en el fondo,[34] dos minúsculos seres trabajaban; se puso a observarlos.

Las figurillas[35] eran un hombre y una mujer: el hombre templaba un arco[36] y la mujer tejía[37] un chinchorro.[38]

Intrigado, Yuche les preguntó:

—¿Quiénes son ustedes? ¿Cómo llegaron ahí?

Los seres levantaron la cabeza, lo miraron, pero no respondieron y siguieron trabajando.

Al no obtener respuesta, hizo un máximo esfuerzo para ponerse en pie,[39] pero cayó sobre la tierra. Al golpearse,[40] la rodilla se reventó[41] y de ella salieron los pequeños seres que empezaron a crecer rápidamente, mientras él moría.

Cuando terminaron de crecer, Yuche murió.

Los primeros ticunas se quedaron por algún tiempo allí, donde tuvieron varios hijos; pero más tarde se marcharon[42] porque querían conocer más tierras y se perdieron.[43]

Muchos ticunas han buscado aquel lugar, pero ninguno lo ha encontrado.

---

[25] **avispa** wasp   [26] **sopor** drowsiness   [27] **raro(-a)** strange   [28] **quedarse dormido** to fall asleep   [29] **débil** weak   [30] **agónico(-a)** moribund, dying   [31] **se...seres** other beings were being created; **proyectar** to project; **seres** beings   [32] **impedir** to prevent   [33] **inflamado(-a)** inflamed, swollen   [34] **fondo** bottom   [35] **figurilla** small figure   [36] **templar un arco** to temper or prepare a bow   [37] **tejer** to weave   [38] **chinchorro** Indian hammock   [39] **ponerse en pie** to stand up   [40] **al golpearse** when he hit the ground; **golpearse** to hit oneself   [41] **reventar** to burst   [42] **marcharse** to go away   [43] **perderse** to lose one's way

EXERCISES

I – IV

READING COMPREHENSION

Answer the questions about the following stories:

La perla de la mora.

1. ¿Cómo era la perla de la mora?
2. ¿Qué hizo con la perla?
3. ¿Por qué llora la gente al verla?
4. ¿Qué le dice la mora al mar?

El árabe hambriento.

5. ¿Por qué estaba medio muerto el árabe?
6. ¿Qué se encontró en el desierto?
7. ¿Qué pensó que había dentro del envoltorio? ¿Por qué?
8. ¿Está triste el árabe porque sólo encontró perlas? ¿Por qué?

Las estatuas.

9. ¿Qué hay en el jardín del colegio?
10. ¿Qué hizo la estudiante traviesa? ¿Cuándo y por qué lo hizo?
11. ¿Cómo eran las huellas? ¿Dónde se encontraban?
12. ¿Qué hizo la estudiante traviesa después de pintar las huellas?
13. ¿Qué vio al día siguiente?

Teseo.

14. ¿Quién era Teseo? ¿Por qué es famoso en la mitología?
15. ¿Qué se disponía a hacer?
16. ¿Qué oyó? ¿Qué hizo?
17. ¿De quién eran los pasos que oyó?
18. ¿Qué le dijo Ariadna? ¿Qué tenía en las manos?
19. ¿Qué importancia tiene el hilo en la historia? ¿Por qué Ariadna se lo entrega a Teseo "todo ovilladito otra vez"?
20. ¿Es irónico el tono de la voz de Ariadna? ¿Por qué?

VOCABULARY STUDY

A. *Vocabulary Usage*

Match the words in *Column A* with the definitions in *Column B*.

A	**B**
1. ____ laberinto	a. lugar muy árido
2. ____ rosado	b. parte anterior de la cabeza
3. ____ perla	c. color rosa
4. ____ desierto	d. un cadáver
5. ____ muerto	e. aparición fantástica
6. ____ hilo	f. adorno brillante que se forma en las ostras
7. ____ cara	g. fibra de substancia textil
8. ____ fantasma	h. estructura muy complicada

Select the words needed to complete the following paragraph correctly.

manos	traviesa	huellas	broma
jardín	pintura	pintó	
pasos	lavadas	pedestales	

La muchacha _____ salió de su dormitorio a escondidas y _____ huellas de _____ entre los _____ de las estatuas. Al día siguiente fue al _____ a gozar la _____ pero vio que las _____ habían sido _____ y que la estatua de la fundadora tenía las _____ algo sucias de _____ .

B. *Cognate and Word Formation Exercise*

Approximate cognates do not follow specific rules. They can, however, be recognized because they usually have some linguistic element in common.

humillante	*humiliating*
aeropuerto	*airport*

Some Spanish verbs ending in **-ar** have an English cognate ending in **-ate.**

estimular	*stimulate*

Give the Spanish cognates of the words in parentheses.

1. Teseo salió del (*labyrinth*) _____ .
2. La mora tiró la (*pearl*) _____ al mar.
3. El árabe hambriento no tenía (*millions*) _____ .
4. A ella le gusta (*to simulate*) _____ .
5. ¿Quién mató al (*Minotaur*) _____ ?
6. Ariadna venía por el (*corridor*) _____ .
7. La chica traviesa pintó huellas entre ambos (*pedestals*) _____

STRUCTURES

A. **Ser** and **estar**

Rewrite the following sentences using the present tense of **ser** or **estar.** Justify your choice.

1. La perla rosada _____ de la mora loca.
2. El árabe hambriento _____ medio muerto.
3. No son avellanas, sólo _____ perlas.
4. Ella no _____ enterada de su amorío.
5. La mujer que viene por el corredor _____ Ariadna.

B. *Use of the Preterit Tense*

The preterit tense is used to indicate   1) completed events or actions at a definite moment in the past;   2) the beginning of an action;   3) the end of an action; and   4) an interruption or sudden change in the past.

1) La estudiante **salió** de su cuarto **a la media noche.**
2) La estudiante **comenzó** a pintar huellas en el suelo.
3) Cuando **terminó** de pintar, se **retiró** a su habitación.
4) La tormenta **interrumpió** la fiesta.

Rewrite the following sentences, using the preterit tense of the verbs in parentheses.

1. Ella (echar) _____ con desdén una gran perla al mar.
2. El árabe se (encontrar) _____ un envoltorio un día.
3. A él le (sorprender) _____ el sonido.
4. La muchacha traviesa (salir) _____ a escondidas de su cuarto.

5. Las manos de la estatua de la fundadora (quedar) _____ algo sucias de pintura.
6. El se disponía a salir del laberinto cuando (oir) _____ pasos.
7. Al día siguiente, ella (ir) _____ a gozar de la broma.

C. *Use of the Imperfect Tense*

The imperfect tense is used to indicate   1) continuing actions or states of being in the past;   2) repeated, habitual actions in the past;   3) past actions whose beginnings or endings are unimportant or unknown;   4) time of day in the past;   5) description.

1) La mora **lloraba** cuando **tiró** la perla al mar.
2) Ella **iba** todos los días al mar.
3) La mora **tenía** una gran perla.
4) ¿Qué hora **era**?
5) La **perla** que tenía era **rosada**.

Rewrite the following sentences, using the imperfect tense of the verbs in parentheses.

1. Teseo (acabar) _____ de matar al Minotauro.
2. El se (disponer) _____ a salir cuando oyó pasos.
3. Mucha gente (venir) _____ por el Laberinto.
4. Al rico no le (valer) _____ de nada sus millones.
5. Ellos (ser) _____ muy felices al lado del mar.

WRITING PRACTICE

Write a short paragraph of at least fifty words, using some or all of the following words and expressions. Your paragraph will be evaluated for grammatical correctness and vocabulary usage.

mora	fatiga	avellanas
árabe	envoltorio	pero
loco	levantar	perlas
hambriento	sorprender	rosadas
muerto	sonido	tirar
hambre	decir	mar
frío	placer	

COMMUNICATIVE ACTIVITY

Prepare to discuss the following questions in class.

1. ¿Ha tenido usted alguna experiencia como la de la mora? ¿Qué hizo?
2. ¿Por qué está triste el árabe cuando encuentra un envoltorio lleno de perlas?
3. ¿Qué quiere decir la expresión «En ciertas ocasiones no le valen al rico sus millones»? ¿Está de acuerdo?
4. ¿Ha tratado de hacerle una broma a alguien? ¿Cuál fue el resultado?

V – VI

READING COMPREHENSION

Change the false statements to make them agree with each story.

Luna

1. Jacobo era un niño muy inteligente que solía hablar con sus vecinos en la azotea.
2. El farmacéutico y su mujer siempre espiaban la vida de sus vecinos.
3. El farmacéutico quiere darle una lección de conversación al tonto.
4. El hombre y la mujer cierran las ventanas con llave y le ponen un pestillo a la puerta.
5. Las escaleras y las paredes son lisas.
6. Si una persona dice «tarasá» puede arrojarse de cabeza y agarrar la torta.
7. El tonto agarró la chimenea y se deslizó por la torta de oro.

Los ticunas pueblan la tierra.

8. Este mito es sobre el origen de los vecinos de los ticunas.
9. Los jóvenes aprenden la historia de los viejos.
10. Sólo los sabios pueden cambiar o transformar el mito.
11. Los ticunas viven a la orilla izquierda del Amazonas.
12. Yuche vivía en compañía de los descendientes de los ticunas.
13. Los monos, las perdices y los grillos se daban cuenta de que el mundo vivía.
14. Yuche vivía en una pequeña azotea junto a una roca.

15. Ni el calor ni la lluvia entorpecían la torta sobre la mesa.
16. Todos los ticunas esperan arrojarse de cabeza algún día al arroyo.
17. Cuando Yuche se miró en el mar, notó que ya estaba viejo.
18. Yuche estaba triste porque tenía hambre y fatiga.
19. Cuando oyó el susurro de la selva, Yuche se estremeció de placer.
20. Yuche pensó que lo había picado una avispa.
21. Yuche se acostó en la glorieta y se quedó dormido.
22. Yuche notó que la piel estaba algo sucia de pintura.
23. De la rodilla de Yuche salieron unos pequeños seres que empezaron a crecer rápidamente.
24. Los primeros ticunas tuvieron varios hijos, se remontaron aire arriba y se perdieron en el cielo.

VOCABULARY STUDY

A. *Vocabulary Usage*

Match the words in *Column A* with the definitions in *Column B*.

A	**B**
1. ____ llave	a. persona muy inteligente que sabe mucho
2. ____ farmacéutico	
3. ____ tonto	b. tradición alegórica y fantástica de un pueblo
4. ____ sabio	
5. ____ luna	c. insecto que pica
6. ____ arroyo	d. planeta satélite de la tierra
7. ____ avispa	e. instrumento para abrir o cerrar una puerta
8. ____ mito	
	f. persona que no es inteligente
	g. persona que trabaja en una droguería
	h. corriente pequeña de agua

Give the Spanish equivalent of the expressions in parentheses.

1. Siempre habla (*raising his voice*) ____ .
2. ¿Por qué no (*put away*) ____ las llaves?
3. El tonto estaba (*safe and sound*) ____ .
4. (*One does not doubt*) ____ la enseñanza del sabio.
5. Se bañó en el arroyo (*as usual*) ____ .
6. Según el mito, Yuche no pudo (*to stand up*) ____ .

Select the words needed to complete the following paragraph correctly.

selva	rodilla	tierra
dolor	crecer	arroyo
bañarse	poblaron	tuvieron
figurillas	seres	envejecido
sola	choza	

Yuche vivía en una _____ cerca de un _____ en la _____ . Cierta vez fue a _____ al arroyo y notó que había _____ . Estaba preocupado porque la _____ iba a quedarse completamente _____ . Cuando regresaba a su choza sintió un _____ en la _____ . Al día siguiente notó que en su rodilla había dos _____ : un hombre y una mujer. Los dos pequeños _____ salieron de su rodilla y empezaron a _____ mientras Yuche moría. Los primeros ticunas _____ muchos hijos y _____ la tierra.

B. *Cognate and Word Formation Exercise*

Some Spanish verbs ending in **-ficar** have an English cognate ending in **-fy**.

notificar	*notify*
simplificar	*simplify*

Give the Spanish cognate of the English words in parentheses.

1. Sólo los sabios pueden (*modify*) _____ el mito.
2. La historia de la (*creation*) _____ de los ticunas es muy simple.
3. ¿Cuál es el (*origin*) _____ de tu (*clan*) _____ ?
4. La avispa es un (*insect*) _____ .
5. Los viejos enseñan el mito (*principal*) _____ .
6. La arena era (*fine*) _____ y blanca.
7. ¿Quién es el (*protector*) _____ de los pieles-negras?
8. Esta costumbre no puede (*exist*) _____ aquí.
9. La figurilla era un ser (*minuscule*) _____ .
10. En el (*interior*) _____ de la rodilla había vida.
11. Los jóvenes no sabían (*narrate*) _____ bien.
12. ¿Me puedes (*relate*) _____ el mito?
13. ¿Qué (*part*) _____ te gusta más?

STRUCTURES

A. *The Preterit Tense*

Rewrite the following sentences, using the preterit tense of the verbs in parentheses.

1. El farmacéutico y su señora (oir) _____ que el niño tonto estaba en la azotea.
2. Ellos (entrar) _____ dejando la torta sobre la mesa.
3. Con la alegría de un salmón, el tonto (remontar) _____ aire arriba.
4. Yuche (llegar) _____ a la orilla del arroyo y (entrar) _____ en el agua.
5. Triste y despaciosamente, ellos (regresar) _____ a su choza.
6. Tú (comenzar) _____ a sentir un pesado sopor.
7. Yuche les (preguntar) _____ que quiénes eran ellos.
8. Cuando las figurillas (terminar) _____ de crecer, Yuche (morir) _____ .

B. *The Imperfect Tense*

Rewrite the following sentences, using the imperfect tense of the verbs in parentheses.

1. Jacobo, el niño tonto, (soler) _____ subirse a la azotea.
2. Ellos (estar) _____ en el patio.
3. Oyeron que el niño (andar) _____ por la azotea.
4. Ellos se asomaron por la ventana para ver qué (hacer) _____ el tonto.
5. Yuche (vivir) _____ desde el principio solo en el mundo.
6. No (existir) _____ en la tierra sitio más bello que aquél.
7. Yuche comenzó a sentir que un pesado sopor lo (invadir) _____ .
8. La mujer (tejer) _____ un chinchorro.
9. El hombre (templar) _____ un arco.
10. Mientras Yuche (morir) _____ , las figurillas empezaron a crecer muy rápidamente.

C. *The Past Progressive*

The past progressive indicates that an action is in progress in the past. It is formed with the imperfect tense of the auxiliary verb **estar** plus the present participle of the conjugated verb.

El niño tonto **estaba espiando** a los vecinos.

Rewrite the following sentences, changing the verb into the past progressive tense.

EXAMPLE: El farmacéutico **mira** por la ventana.
    El farmacéutico **estaba mirando** por la ventana.

1. Ellos bebían un refresco en el patio.
2. Yuche caminaba con dificultad.
3. Muchos ticunas buscan aquel lugar.
4. Los sabios transforman el mito.
5. Yuche vivía solo en el mundo.

D. *The Pluperfect Tense*

The pluperfect tense is formed with the imperfect of the auxiliary verb **haber** (**había, habías, había, habíamos, habíais, habían**) plus the past participle of the main verb. It is used to express a past action completed prior to another past action.

   Yuche **había visto** envejecer la tierra.

Rewrite the following sentences, with the pluperfect tense of the verbs in parentheses.

1. Nadie (ver) _____ ese sitio ideal.
2. ¿Lo (picar) _____ un insecto?
3. El pensó que (poder) _____ ser una avispa.
4. Muchos ticunas (buscar) _____ ese lugar sin encontrarlo.
5. Ellos vieron que el tonto (desaparecer) _____ por la azotea.

E. *Reflexive Verbs*

A verb is reflexive when the subject and the object of the action are the same person. This verb form uses the reflexive pronouns (**me, te, se, nos, os, se**), which are usually placed before the verb.

   El hombre **se baña** en el río.
   Yuche **se acuesta** en su choza.

Rewrite the following sentences, using the appropriate form of the reflexive verbs in parentheses.

1. El tonto (irse) _____ muy contento con su torta.
2. Tú (arrojarse) _____ de cabeza al patio.

3. Los esposos (entrarse) _____ dejando la torta en el patio.
4. Yuche (bañarse) _____ en el arroyo como de costumbre.
5. Al llegar a su choza, ustedes (acostarse) _____ en la cama.
6. Nosotros (golpearse) _____ la rodilla.
7. Ellos (perderse) _____ en la selva.

Reflexive pronouns may be attached to the infinitive and the present participle. However, they *must* be attached to affirmative commands.

El va a dormir**se.** *or* El **se va** a dormir.
Ellos están durmiéndo**se.** *or* Ellos **se están** durmiendo.
but: Duérme**te.**

Complete the following sentences with the appropriate reflexive pronoun.

1. Una vez Yuche fue a bañar _____ en un arroyo.
2. Mirándo _____ en el espejo del agua, él vio que había envejecido.
3. Vámo _____ , le dijo el farmacéutico a su esposa.
4. Al yo lavar _____ la cara por la mañana noté que todavía era muy joven.
5. Te caíste por estar deslizándo _____ por el tobogán.

F. *Demonstratives*

In Spanish the ending of the demonstrative adjective must agree in gender and number with the noun it modifies. **Este** (**esta, estos, estas**) is equivalent to *this* and points out a particular person or object near the speaker; **ese** (**esa, esos, esas**) and **aquel** (**aquella, aquellos, aquellas**) are both equivalent to *that*, but **ese** normally refers to something nearer the speaker or the person spoken to, and **aquel** to something farther away.

Esta torta está deliciosa. ***This*** *cake is delicious.*
Ese libro es interesante. ***That*** *book (close to you) is interesting.*
Aquella choza está muy lejos. ***That*** *hut is very far.*

Rewrite the following sentences, using the correct form of the demonstrative adjective.

1. (This) _____ mito de los ticunas es muy interesante.
2. (This) _____ historia es la historia principal de los indios ticunas.
3. (Those) _____ figurillas cerca de ti son interesantes.
4. Muchos ticunas han buscado (that) _____ lugar remoto en las montañas.
5. (These) _____ seres eran muy pequeños.

Demonstrative pronouns have the same form as demonstrative adjectives, except that they have a written accent mark. They agree in gender and number with the noun they replace. Since there are no neuter demonstrative adjectives in Spanish, the neuter demonstrative pronouns bear no written accent. They refer to whole ideas or unidentified nouns.

¿Quieres este mono o **ése**?
¿Qué es **eso**?
¿Qué es **esto**? ¿Y **aquello**?

Rewrite the following sentences, using the appropriate demonstrative pronoun.

1. En noches como (this one) _____ si una persona dice tres veces «tarasá» puede volar.
2. Ellos les enseñan el mito a los jóvenes y (these ones) _____ a su vez se lo enseñan a sus hijos.
3. No existía en la tierra un sitio más bello que (that one—far away) _____ donde vivía Yuche.
4. (That one—close to you) _____ son las figurillas que quiero comprar.
5. ¿Qué es (that) _____ ? —No sé.

WRITING PRACTICE

Write a short paragraph of at least fifty words, using some or all of the following words and expressions. Your paragraph will be evaluated for grammatical correctness and vocabulary usage.

noche	azotea	agarrar
verano	ellos	torta

farmacéutico	hacer	él
esposa	broma	deslizarse
comer	persona	tobogán
cuando	poder	alegría
oir	deslizarse	de cabeza
tonto	luna	hay que .
niño	y	
decidir	pero	

COMMUNICATIVE ACTIVITY

Prepare to discuss one of the following topics in class with one of your classmates.

1. ¿Puede Ud. describir la broma que le hacen el farmacéutico y su mujer al niño tonto? ¿Qué pasa al final?
2. ¿Conoce algún mito universal? ¿Cuál es? ¿Qué narra?
3. ¿Se parece el mito de los ticunas a otro mito conocido por Ud.? ¿Cuál es? ¿En qué se parecen?
4. ¿Le gusta leer mitos? ¿Por qué? ¿Qué enseñan?

Las medias[44] de los flamencos[45]

HORACIO QUIROGA

Cierta vez las víboras[46] dieron un gran baile. Invitaron a las ranas[47] y a los sapos,[48] a los flamencos, y a los yacarés[49] y a los peces.[50] Los peces, como no caminan, no pudieron bailar; pero siendo el baile a la orilla del río[51] los peces estaban asomados a
5 la arena,[52] y aplaudían con la cola.[53]

Los yacarés, para adornarse bien, se habían puesto en el pescuezo[54] un collar[55] de bananas, y fumaban[56] cigarros paraguayos.[57] Los sapos se habían pegado escamas de pescado en todo el cuerpo,[58] y caminaban meneándose.[59] Parecían nadar. Y
10 cada vez que pasaban muy serios por la orilla del río, los peces les gritaban haciéndoles burla.[60]

Las ranas se habían perfumado todo el cuerpo, y caminaban en dos pies. Además, cada una llevaba colgada[61] como un farolito,[62] una luciérnaga que se balanceaba.[63]
15 Pero las que estaban hermosísimas eran las víboras. Todas, sin excepción, estaban vestidas con traje de bailarina, del mismo color de cada víbora. Las víboras coloradas[64] llevaban una pollerita de tul[65] colorado; las verdes, una de tul verde; las amarillas, otra de tul amarillo; y las yararás, una pollerita de tul gris
20 pintada con rayas[66] de polvo de ladrillo[67] y ceniza[68] porque así es el color de las yararás.

Y las más espléndidas de todas eran las víboras de coral, que estaban vestidas con larguísimas gasas[69] rojas, blancas y negras, y bailaban como serpentinas.[70] Cuando las víboras danza-
25 ban y daban vueltas apoyadas en la punta de la cola[71] todos los invitados aplaudían como locos.

---

[44] **media** stocking [45] **flamenco** flamingo [46] **víbora** viper [47] **rana** frog
[48] **sapo** toad [49] **yacaré** crocodile [50] **pez** fish [51] **orilla del río** river bank
[52] **asomados...arena** looking out over the sand [53] **aplaudían...colas** applauded with their tails [54] **pescuezo** neck (in animals) [55] **collar** necklace
[56] **fumar** to smoke [57] **paraguayo(-a)** Paraguayan [58] **se habían...cuerpo** had pasted fish scales all over their bodies [59] **menearse** to wiggle [60] **haciéndoles burla** making fun of them [61] **colgar** to hang [62] **farolito** small lantern;
farol lantern [63] **luciérnaga...balanceaba** a firefly that swayed [64] **colorado(-a)** red [65] **pollerita de tul** small tulle skirt [66] **raya** stripe [67] **polvo de ladrillo** brick dust [68] **ceniza** ash [69] **gasa** gauze [70] **serpentina** paper streamer [71] **apoyadas...cola** supported by the tips of their tails

Sólo los flamencos, que entonces tenían las patas[72] blancas, y tienen ahora como antes la nariz[73] muy gruesa[74] y torcida[75] sólo los flamencos estaban tristes, porque como tienen muy poca inteligencia, no habían sabido cómo adornarse. Envidiaban[76] el traje de todos, y sobre todo el de las víboras de coral. Cada vez 5 que una víbora pasaba por delante de ellos, coqueteando[77] y haciendo ondular las gasas de serpentinas, los flamencos se morían de envidia.

Un flamenco dijo entonces:

—Yo sé lo que vamos a hacer. Vamos a ponernos medias 10 coloradas, blancas y negras, y las víboras de coral se van a enamorar de nosotros.

Y levantando todos juntos el vuelo, cruzaron el río y fueron a golpear en un almacén[78] del pueblo.

—¡Tan-tan! —pegaron con las patas. 15

—¿Quién es? —respondió el almacenero.[79]

—Somos los flamencos. ¿Tienes medias coloradas, blancas y negras?

—No, no hay —contestó el almacenero—. ¿Están locos? En ninguna parte van a encontrar medias así. 20

Los flamencos fueron entonces a otro almacén.

—¡Tan-tan! ¿Tienes medias coloradas, blancas y negras?

El almacenero contestó:

—¿Cómo dice? ¿Coloradas, blancas y negras? No hay medias así en ninguna parte. Ustedes están locos. ¿Quiénes son? 25

—Somos los flamencos —respondieron ellos. Y el hombre dijo:

—Entonces son con seguridad flamencos locos.

Fueron a otro almacén.

—¡Tan-tan! ¿Tienes medias coloradas, blancas y negras? 30

El almacenero gritó:

—¿De qué color? ¿Coloradas, blancas y negras? Solamente a pájaros narigudos[80] como ustedes se les ocurre pedir medias así. ¡Tienen que irse en seguida!

---

[72] **pata** leg (*of an animal*)   [73] **nariz** nose (*meaning beak*)   [74] **grueso(-a)** thick
[75] **torcido(-a)** twisted   [76] **envidiar** to envy   [77] **coquetear** to flirt   [78] **almacén** store   [79] **almacenero** storekeeper   [80] **narigudo(-a)** having a long and large nose

Y el hombre los echó con la escoba.[81]

Los flamencos recorrieron[82] así todos los almacenes, y de todas partes los echaban por locos.

Entonces un tatú,[83] que había ido a tomar agua al río, se 5 quiso burlar de los flamencos y les dijo, haciéndoles un gran saludo:

—¡Buenas noches, señores flamencos! Yo sé lo que ustedes buscan. No van a encontrar medias así en ningún almacén. Tal vez... en Buenos Aires, van a tener que pedirlas por encomienda 10 postal.[84] Mi cuñada,[85] la lechuza,[86] tiene medias así.

Ella les va a dar las medias coloradas, blancas y negras.

Los flamencos le dieron las gracias, y se fueron volando a la cueva de la lechuza. Y le dijeron:

—¡Buenas noches, lechuza! Venimos a pedirte las medias 15 coloradas, blancas y negras. Hoy es el gran baile de las víboras, y si nos ponemos esas medias, las víboras de coral se van a enamorar de nosotros.

—¡Con mucho gusto! —respondió la lechuza—. Vuelvo en seguida.

20 Y echando a volar,[87] dejó solos a los flamencos; y al poco rato volvió[88] con las medias. Pero no eran medias, sino cueros[89] de víboras de coral, lindísimos cueros recién sacados a las víboras que la lechuza había cazado.

—Aquí están las medias —les dijo la lechuza—. Sólo tienen 25 que preocuparse de una sola cosa: deben bailar toda la noche, sin parar un momento, deben bailar de costado,[90] de pico,[91] de cabeza... ; pero no pueden parar un solo momento, porque en vez de bailar van entonces a llorar.

Pero los flamencos como son tan tontos,[92] no comprendían 30 bien qué gran peligro[93] había para ellos en eso, y locos de alegría se pusieron los cueros de las víboras de coral, como medias, metiendo las patas dentro de los cueros, que eran como tubos. Y muy contentos se fueron volando al baile.

---

[81] **escoba** broom   [82] **recorrer** to go through   [83] **tatú** armadillo
[84] **encomienda postal** parcel post   [85] **cuñado(-a)** brother-in-law; **cuñada**
sister-in-law   [86] **lechuza** owl   [87] **echar a volar** to fly away   [88] **al poco rato**
volvió after a short time she returned   [89] **cuero** hide, skin   [90] **de costado**
on one's side   [91] **pico** beak   [92] **tonto(-a)** stupid   [93] **peligro** danger

Cuando vieron a los flamencos con sus hermosísimas medias, todos les tuvieron envidia. Las víboras querían bailar con ellos, únicamente, y como los flamencos no dejaban un instante de mover las patas, las víboras no podían ver bien de qué estaban hechas aquellas preciosas medias... 5

Pero poco a poco, sin embargo, las víboras comenzaron a desconfiar.[94] Cuando los flamencos pasaban bailando al lado de ellas, se agachaban[95] hasta el suelo[96] para ver bien.

Las víboras de coral sobre todo, estaban muy inquietas. No apartaban[97] la vista de las medias, y se agachaban también tra- 10 tando de tocar con la lengua[98] las patas de los flamencos, porque la lengua de las víboras es como la mano de las personas. Pero los flamencos bailaban y bailaban sin parar, aunque estaban cansadísimos y ya no podían más.

Las víboras de coral, que conocieron esto, pidieron en se- 15 guida a las ranas sus farolitos, que eran luciérnagas y esperaron todas juntas a que los flamencos se cayeran de cansados.[99]

Efectivamente, un minuto después, un flamenco, que ya no podía más, tropezó con[1] el cigarro de un yacaré, se tambaleo[2] y cayó de costado. En seguida las víboras de coral corrieron con 20 sus farolitos, y alumbraron[3] bien las patas del flamenco. Y vieron qué eran aquellas medias, y lanzaron un silbido[4] que se oyó desde la otra orilla del Paraná.[5]

—¡No son medias! —gritaron las víboras—. ¡Sabemos lo que es! ¡Nos han engañado![6] ¡Los flamencos han matado a nuestras 25 hermanas[7] y se han puesto sus cueros como medias! ¡Las medias que tienen son de víboras de coral!

Al oír esto, los flamencos, llenos de miedo porque estaban descubiertos, quisieron volar; pero estaban tan cansados que no pudieron levantar una sola pata. Entonces las víboras de coral 30 se lanzaron sobre ellos, y enroscándose[8] en sus patas les

---

[94] **desconfiar** to distrust   [95] **agacharse** to stoop   [96] **suelo** ground
[97] **apartar** to take away   [98] **lengua** tongue   [99] **a que...de cansados** for the flamingos to fall down tired   [1] **tropezar con** to trip over   [2] **tambalear** to stagger   [3] **alumbrar** to illuminate, to light up   [4] **lanzar un silbido** to hiss
[5] **Paraná** Paraná, river in South America, flowing from S Brazil along the SE boundary of Paraguay, through NE Argentina into the Río de la Plata.
[6] **engañar** to deceive   [7] **hermano(-a)** brother; **hermana** sister   [8] **enroscarse** to coil, to twist around

deshicieron[9] a mordiscones[10] las medias. Les arrancaron[11] las medias a pedazos,[12] enfurecidas, y les mordían también las patas, para matarlas.

Los flamencos, locos de dolor, saltaban[13] de un lado para
5 otro, pero las víboras de coral no se desenroscaban de sus patas. Hasta que al fin, viendo que ya no quedaba un solo pedazo de media, las víboras los dejaron libres, cansadas y arreglándose[14] las gasas de sus trajes de baile.

Además, las víboras de coral estaban seguras de que los
10 flamencos iban a morir, porque la mitad,[15] por lo menos,[16] de las víboras de coral que los habían mordido, eran venenosas.[17]

Pero los flamencos no murieron. Corrieron a echarse al agua, sintiendo un grandísimo dolor. Gritaban de dolor, y sus patas, que eran blancas, estaban entonces coloradas por el veneno de
15 las víboras. Pasaron días y días, y siempre sentían terrible ardor[18] en las patas, y las tenían siempre de color de sangre,[19] porque estaban envenenadas.

Hace de esto muchísimo tiempo.[20] Y ahora todavía están los flamencos casi todo el día con sus patas coloradas metidas en el
20 agua, tratando de calmar el ardor que sienten en ellas.

A veces se apartan[21] de la orilla, y dan unos pasos por tierra, para ver cómo están. Pero los dolores del veneno vuelven en seguida, y corren a meterse en el agua. A veces el ardor que sienten es tan grande, que encogen[22] una pata y quedan así horas
25 enteras, porque no pueden estirarla.[23]

Esta es la historia de los flamencos, que antes tenían las patas blancas y ahora las tienen coloradas. Todos los peces saben por qué es, y se burlan de ellos. Pero los flamencos, mientras se curan en el agua, no pierden ocasión de vengarse,[24] comiéndose a
30 cuanto pececillo se acerca demasiado a burlarse de[25] ellos.

---

[9] **deshacer** to undo, to destroy   [10] **a mordiscones** by biting   [11] **arrancar** to yank   [12] **a pedazos** by pieces   [13] **saltar** to jump   [14] **arreglarse** to tidy up   [15] **mitad** half   [16] **por lo menos** at least   [17] **venenoso(-a)** poisonous   [18] **ardor** burning sensation   [19] **sangre** blood   [20] **hace de esto muchísimo tiempo** that was a long time ago   [21] **apartarse** to move away   [22] **encoger** to tighten up, to contract   [23] **estirar** to stretch, to extend   [24] **vengarse** to take revenge   [25] **burlarse de** to make fun of

EXERCISES

READING COMPREHENSION

Select the word or phrase that best completes each statement according to *Las medias de los flamencos.*

1. En el baile de las víboras,
   a) las avispas picaban a los monos.
   b) los peces aplaudían con la cola.
   c) las perdices bailaban con los grillos.
   d) los sapos se quedaban en la arena.

2. Para adornarse bien,
   a) los sapos usaban collares de cigarros paraguayos.
   b) los cocodrilos se pegaban escamas en el cuello.
   c) las ranas llevaban luciérnagas colgadas como un farolito.
   d) los grillos se perfumaban todo el cuerpo.

3. Las víboras más hermosas eran
   a) las coloradas.
   b) las verdes.
   c) las amarillas.
   d) las de coral.

4. Los flamencos estaban tristes porque
   a) tenían las patas blancas.
   b) tenían la nariz muy gruesa y torcida.
   c) tenían poca inteligencia para adornarse.
   d) tenían las rodillas inflamadas.

5. ¿Qué deciden hacer los flamencos?
   a) Deciden ondular las gasas de serpentinas.
   b) Deciden morirse de envidia.
   c) Deciden enamorar a las víboras de coral.
   d) Deciden ponerse medias coloradas, blancas y negras.

6. ¿Qué piensan los almaceneros de los flamencos?
   a) Que tienen inteligencia para vestirse.
   b) Que son flamencos locos.
   c) Que tienen que conocer más tierras.
   d) Que son unos envidiosos.

7. El tatú ayudó a los flamencos porque
   a) quería venderles las medias.
   b) tenía un almacén en Buenos Aires.
   c) quería burlarse de ellos.
   d) tenía que tomar agua del río.

8. ¿Qué les trajo la lechuza?
   a) Las medias que querían.
   b) Un envoltorio de Buenos Aires.
   c) Cueros de víboras de coral.
   d) Las gasas de sus trajes de baile.

9. La lechuza les dice que tienen que
   a) bailar toda la noche sin parar.
   b) llorar toda la noche.
   c) encoger una pata en la fiesta.
   d) apartar la vista de las medias.

10. ¿Por qué las víboras no podían ver de qué estaban hechas las medias?
    a) Porque no se agachaban bien hasta el suelo.
    b) Porque les tenían envidia.
    c) Porque los flamencos no dejaban un instante de mover las patas.
    d) Porque la lengua de las víboras es como la mano de una persona.

11. Las víboras les pidieron a las ranas sus luciérnagas para
    a) alumbrar las patas de los flamencos.
    b) correr con sus farolitos.
    c) lanzar silbidos de alegría.
    d) parar a los flamencos que estaban cansados.

12. ¿Con qué tropezó el flamenco que se cayó?
    a) Con un cocodrilo.
    b) Con un yacaré.
    c) Con un pescuezo paraguayo.
    d) Con un cigarro.

13. ¿Por qué no pudieron volar los flamencos?
    a) Porque estaban engañados.
    b) Porque estaban cansados.
    c) Porque estaban descubiertos.
    d) Porque estaban envenenados.

14. ¿Cuándo dejaron las víboras libres a los flamencos?
    a) Cuando les pideron perdón a las víboras.
    b) Cuando se cansaron de correr.
    c) Cuando ya no les quedaba un solo pedazo de media.
    d) Cuando se desenroscaron de sus patas.

15. ¿Por qué pasan los flamencos tanto tiempo con las patas en el agua?

a) Porque tienen las patas largas y blancas.
b) Porque no quieren que los peces se burlen.
c) Porque tratan de calmar el ardor que sienten.
d) Porque el agua del arroyo es tibia.

VOCABULARY STUDY

A. *Vocabulary Usage*

Select the word that does not belong to each group.

1. pata, lengua, ceniza, nariz, cabeza
2. rana, yacaré, sapo, ave, cocodrilo
3. serpentina, víbora, coral, veneno, silbido
4. pico, cuello, pescuezo, cola, escama

Select the words needed to complete the following paragraph correctly.

envidia	patas	medias
desconfiar	arrancaron	farolitos
alumbrar	mordieron	a pedazos
metieron	cueros	

Los flamencos _____ las patas dentro de los _____ y fueron volando al baile. Al principio, todos les tuvieron _____ porque las _____ eran hermosísimas. Pero poco a poco las víboras de coral comenzaron a _____ y les pidieron a las ranas sus _____ para _____ las _____ de los flamencos. Inmediatamente les _____ las medias _____ y les _____ las patas para matarlos.

B. *Cognate and Word Formation Exercise*

The Spanish prefix **des-** is added to certain words to express the opposite meaning of the original term. It usually corresponds to **dis-** or **un-** in English.

organizar *to organize*	**desorganizar** *to **dis**organize*
ovillar *to wind*	**desovillar** *to **un**wind*

The Spanish suffix **-ero(-a)** is added to certain nouns to form the names of occupations related to the meaning expressed in the original word.

carta $\longrightarrow$ cart**ero**
zapato $\longrightarrow$ zapat**ero**

Give the antonym of the following verbs.

1. confiar	5. integrar
2. colgar	6. aparecer
3. poblar	7. hacer
4. tejer	8. orientar

Write the Spanish noun from which the following occupations are derived.

1. almacenero	5. vaquero
2. cochero	6. lechero
3. torero	7. consejero
4. carnicero	8. banquero

The use of diminutive suffixes is widespread in the Spanish-speaking world, especially in Spanish America and southern Spain. The forms **-ito, -ita, -cito, -cita** are the most common and usually indicate affection as well as smallness.

The general rules for the formation of diminutives are:

1. The suffixes **-ito, -ita** are added to words ending in **-a, -o** or **consonant** (except **-n** or **-r**).

   casa   ⟶ cas**ita**
   árbol ⟶ arbol**ito**

2. If a word ends in **-e, -n** or **-r**, the suffix **-cito(-a)** is added.

   nube   ⟶ nube**cita**
   limón ⟶ limon**cito**
   mujer ⟶ mujer**cita**

Some suffixes like **-uelo(-a), -zuelo(-a), -illo(-a)** are often used pejoratively.

   mujer ⟶ mujer**zuela**   animal ⟶ animal**illo**
   rey   ⟶ reye**zuelo**

Write the diminutive of each of the following words.

1. farol	5. figura
2. bicho	6. hombre
3. pollera	7. collar
4. ovillado	8. animal

STRUCTURES

A. *Reflexive Verbs*

Certain Spanish verbs that are used with reflexive pronouns do not really have a reflexive meaning, that is, the subject and the object of the action are not the same.

burlarse de	*to make fun of*
darse cuenta de	*to realize*
quejarse de	*to complain about*

Rewrite the following sentences, using the appropriate reflexive pronoun when necessary.

1. El sapo parecía nadar porque _____ meneaba mucho.
2. Las aves _____ levantaron el vuelo.
3. Tú _____ agachaste para verles las patas a los flamencos.
4. Nosotros _____ burlamos de los tontos.
5. Las víboras de coral no _____ desenroscaron de sus patas.
6. Los flamencos _____ vengaron de las lechuzas.
7. Ellos _____ apartaron al cocodrilo.
8. Yo siempre _____ lavo las medias en el arroyo.

B. *Preterit versus Imperfect*

Rewrite the following paragraph, using the correct form of the preterit or imperfect tense of the verbs in parentheses. Be prepared to explain your choice.

Cierto día las víboras (dar) _____ una gran fiesta. (Ser) _____ un día muy hermoso porque (haber) _____ mucho sol. Las víboras (invitar) _____ a las ranas, a los sapos, a los flamencos, a los yacarés y a los peces. Todos (comenzar) _____ a llegar al baile adornados y perfumados. Todos los animales (estar) _____ hermosos y contentos, excepto los flamencos. Ellos (ser) _____ los únicos que (estar) _____ muy tristes porque no (haber) _____ sabido adornarse. Ellos (ir) _____ a varios almacenes a buscar medias coloradas, pero no (poder) _____ encontrarlas en ninguna parte. Entonces, la lechuza les (dar) _____ unos cueros que no (ser) _____ medias, sino cueros de víboras.

C. *The Pluperfect Tense*

Rewrite the following sentences, using the appropriate form of the pluperfect tense of the verbs in parentheses.

1. Los yacarés (ponerse) _____ un collar de bananas en el pescuezo.
2. Los sapos (pegarse) _____ escamas en el cuerpo.
3. Las ranas (perfumarse) _____ todo el cuerpo.
4. Los flamencos no (saber) _____ adornarse.
5. El tatú (ir) _____ a tomar agua en el río.
6. Nosotros (hacer) _____ unos farolitos con las luciérnagas.
7. Yo (tropezarse) _____ en el baile.

D. *The Absolute Superlative*

The suffix **-ísimo** is attached to most adjectives to indicate the superlative degree (indicated by *most* or *very* in English). It is also used to indicate the superlative degree of adverbs; for adverbs formed with **-mente, ísima** it is added to the base adjective before the adverbial suffix is attached. The absolute superlative is also formed by placing **muy** before an adjective or adverb.

> Ella está **lindísima.**
> Ella está **muy** linda.
> El lo hizo **rapidísimamente.**
> El lo hizo **muy** rápidamente.

Give the absolute superlative of the following words. Give both forms.

1. hermosas
2. largas
3. cansados
4. mucho
5. lindo

WRITING PRACTICE

Write a short but coherent essay of at least sixty-five words in Spanish on one of the topics listed below. Your composition will be evaluated for grammatical correctness and vocabulary usage.

1. La reacción de las víboras ante las medias de los flamencos.
2. La razón por la cual los flamencos están siempre en el agua con una pata encogida.

COMMUNICATIVE ACTIVITY

Study the following sentences with two of your classmates and create imaginative and humorous endings using the vocabulary and grammatical structures presented in this unit. Then combine as many sentences as possible to make an original but coherent story. Feel free to add more sentences of your own.

1. Las ranas no tenían cola porque...
2. Los sapos caminaban...
3. Las serpientes se habían perfumado con...
4. Las ranas llevaban colgando... en las patas.
5. Los flamencos eran unos... porque...
6. Había una vez una...
7. Todos danzaban y daban vueltas en...
8. Alguien se quiso burlar de los flamencos y les...
9. Las lechuzas se reían como locas porque...
10. Las serpientes se deslizaban por...
11. Ellas bailaban como... moviendo la... y...
12. Los sapos y las ranas se... y... al bailar
13. Algunos se habían puesto en el pescuezo...

And now share your story with the rest of the class.

REVIEW EXERCISE

After reviewing the vocabulary and grammar covered up to this point in *Part 2*, complete the paragraphs below by supplying the correct verb forms or the Spanish equivalents of the words in parentheses.

Ayer nosotros (terminar) _____ de leer (*this*) _____ unidad del libro *Graded Spanish Reader*. (Estudiar) _____ ciertos mitos, fábulas, poemas y cuentecillos (*very interesting*) _____ . Por ejemplo, (aprender) _____ algo (*about*) _____ el origen (*of the Ticuna people*) _____ en Colombia y sobre la historia de los flamencos, que antes (tener) _____ las patas (*white*) _____ y ahora las (tener) _____ coloradas. Después de leer (*this*) _____ cuento, (comprender–yo) _____ bien por qué los flamencos (*stay*) _____ horas enteras en el (*water*) _____ . Ellos hacen (*this*) _____ porque quieren (*to cure themselves*) _____ y también (*to take revenge*) _____ , comiéndose cuanto (*small fish*) _____ se acerca a (*to make fun of*) _____ ellos.

También (*I liked*) _____ los poemas sobre la mora y (*the hungry Arab*) _____ . La mora (*was sad*) _____ porque (*she had lost*) _____ su perla (*pink*) _____ , y el árabe (*was not happy*) _____ porque sólo (*had found*) _____ perlas en (*the package made from a bladder*) _____ . Ahora (*I understand*) _____ que lo que (*is good*) _____ para una persona no es necesariamente bueno para otra persona.

Los (*very small short stories*) _____ fueron muy interesantes también. Antes (*I had read*) _____ narraciones sobre personas que constantemente (*try*) _____ de burlarse de otros, pero el cuento *Luna* indica (*clearly*) _____ que el niño (*retarded*) _____ (*triunfar*) _____ sobre (*the pharmacist and his wife*) _____ : él (*said*) _____ «tarasá» tres veces y (*threw himself headfirst*) _____ , (*agarrar*) _____ la torta y después (*soared up into the air*) _____ y (*desaparecer*) _____ entre las chimeneas de la azotea. En *Las estatuas* la estudiante (*mischievous*) _____ no (*poder*) _____ burlarse de la tradición del colegio (*nor*) _____ de sus amigas: la estatua de la señorita fundadora (*had cleaned*) _____ las huellas de pasos que la estudiante (*had painted*) _____ .

PART
III

Part 3 presents the mini-drama *No hay que complicar la felicidad*
by the Argentine writer Marco Denevi (1922) and the amusing
one-act play *Una mariposa blanca* by the Chilean playwright
Graciela Roepke (1920).

Marco Denevi first became known for his novel *Rosaura a
las diez* (1955), but his short sketches and mini-dramas have also
gained him an international reputation. *No hay que complicar
la felicidad* reveals his unusal ability to present man's complex
nature through an extremely brief and simple «falsificación literaria». Its ironical and unexpected ending is really the beginning of a more profound statement about our own follies.

Graciela Roepke has taught Latin American literature at several North American universities, and her works have been
staged off Broadway. *Una mariposa blanca* is representative of
her short and humorous one-act plays, combining humor and
fantasy in a delicate mixture. Even though the play is built
around a series of simple actions, it nevertheless reveals the
importance of living fully and of recognizing the true value in
objects and events that is hidden behind the mask of familiarity.
You will certainly enjoy Roepke's unveiling of the small details
that can provide happiness and fulfillment in life.

STUDY GUIDE

The following suggestions will help you in reading the two plays
and in preparing for class activities:

1. The vocabulary of these plays is more difficult and varied
   than that used in previous selections. It will help to look

over the vocabulary exercises and footnotes before reading
the new material.

2. Be sure to review the following points of grammar covered
   in this unit: the reflexive construction; the use of infinitives;
   the present subjunctive tense; formal commands; the uses
   of **por** and **para;** and the future and conditional tenses.

3. Review the points of grammar studied in each section before
   doing the Writing Practice.

4. Prepare the Communicative Activity in advance. Write down
   your thoughts on the topics chosen for discussion, and practice them aloud several times in order to improve your oral
   skills.

No hay que complicar la felicidad

MARCO DENEVI

Un parque. Sentados bajo los árboles,[1] ella y el se besan.[2]

—EL: Te amo.[3]

—ELLA: Te amo.

Vuelven a besarse.

5 —EL: Te amo.

—ELLA: Te amo.

Vuelven a besarse.

—EL: Te amo.

—ELLA: Te amo.

10 El se pone violentamente de pie.

—EL: ¡Basta![4] ¿Siempre lo mismo? ¿Por qué, cuando te digo que te amo, no contestas que amas a otro?

—ELLA: ¿A qué otro?

—EL: A nadie. Pero lo dices para que yo tenga celos.[5] Los
15 celos alimentan[6] al amor. Despojado[7] de ese estímulo, el amor languidece.[8] Nuestra felicidad es demasiado simple,[9] demasiado monótona. Hay que complicarla un poco. ¿Comprendes?

—ELLA: No quería confesártelo porque pensé que sufrirías.[10] Pero lo has adivinado.[11]

20 —EL: ¿Qué es lo que adiviné?

Ella se levanta, se aleja unos pasos.

—ELLA: Que amo a otro.

—EL: Lo dices para complacerme.[12] Porque yo te lo pedí.

—ELLA: No. Amo a otro.

25 —EL: ¿A qué otro?

—ELLA: No lo conoces.

Un silencio. El tiene una expresión sombría.[13]

—EL: Entonces ¿es verdad?

—ELLA: (*Dulcemente*)[14] Sí. Es verdad.

---

[1] **bajo los árboles** under the trees [2] **besar** to kiss; **se besan** they kiss each other [3] **amar** to love; **amor** love [4] **basta** that's enough [5] **celos** jealousy [6] **alimentar** to feed [7] **despojar** to strip [8] **languidecer** to languish [9] **demasiado simple** too simple [10] **pensé que sufrirías** I thought you would suffer [11] **adivinar** to guess [12] **complacer** to please [13] **expresión sombría** somber expression [14] **dulce** sweet

El se pasea haciendo ademanes de furor.[15]

—EL: Siento celos. No finjo,[16] créeme. Siento celos. Me gustaría matar a ese otro.[17]

—ELLA: (*Dulcemente*) Está allí.

—El: ¿Dónde?   5

—ELLA: Allí, detrás de aquellos árboles.

—EL: ¿Qué hace?

—ELLA: Nos espía. También él es celoso.

—EL: Iré en su busca.[18]

—ELLA: Cuidado.[19] Quiere matarte.   10

—EL: No le tengo miedo.[20]

El desaparece entre los árboles. Al quedar sola,[21] Ella ríe.[22]

—ELLA: ¡Qué niños son los hombres! Para ellos, hasta el amor es un juego.[23]

Se oye el disparo[24] de un revólver. Ella deja de reir.[25]   15

—ELLA: Juan.

Silencio.

—ELLA: (*Más alto*) Juan.

Silencio.

—ELLA: (*Grita*) ¡Juan!   20

Silencio. Ella corre y desaparece entre los árboles. Al cabo de[26] unos instantes se oye el grito desgarrador[27] de ella.

—ELLA: ¡Juan!

Silencio. Después desciende el telón.[28]

---

[15] **el...furor** he walks up and down gesturing angrily   [16] **fingir** to feign, to pretend   [17] **me...otro** I would like to kill that other one   [18] **iré en su busca** I will go after him   [19] **cuidado** beware   [20] **no le tengo miedo** I am not afraid of him   [21] **al quedar sola** when she is left alone   [22] **reir** to laugh   [23] **hasta...juego** even love is a game   [24] **disparo** shot   [25] **deja...reir** she stops laughing   [26] **al cabo de** after; **al...instantes** after a brief moment   [27] **grito desgarrador** heartbreaking cry   [28] **desciende el telón** the curtain falls

EXERCISES

READING COMPREHENSION

Answer the following questions in Spanish according to *No hay que complicar la felicidad*.

1. ¿Dónde tiene lugar la acción?
2. ¿Dónde están sentados él y ella?
3. ¿Qué hacen?
4. ¿Por qué se pone él violentamente de pie?
5. ¿Por qué quiere tener celos?
6. ¿Cómo considera él su felicidad?
7. ¿Qué responde ella?
8. ¿Cómo reacciona él?
9. ¿Dónde le dice ella que está el «otro»?
10. ¿Por qué se ríe ella al quedar sola?
11. ¿Qué se oye?
12. ¿Qué pasa al final del drama?
13. ¿Qué cree Ud. que ha pasado cuando el hombre desaparece entre los árboles?

VOCABULARY STUDY

A. *Vocabulary Usage*

Write sentences of your own using the following words and expressions.

1. volver a besarse
2. ponerse de pie
3. tener celos
4. demasiado monótono
5. complacer
6. tener una expresión sombría
7. detrás de
8. espiar
9. al cabo de
10. tener miedo

Translate the following sentences.

1. No hay que complicar la felicidad.
2. ¿Lo dices para que yo tenga celos?
3. Lo has adivinado.
4. El se pasea haciendo ademanes de furor.
5. ¡Qué niños son los hombres!

B. *Cognate and Word Formation Exercise*

Find the Spanish cognate of the following words.

1. violently
2. stimulus
3. simple
4. to complicate

5. to confess
6. to suffer
7. to disappear
8. monotonous

9. instant
10. to spy
11. to descend

Spanish words ending in **-dad** have an English equivalent ending in **-ty**. Words ending in **-dad** are always feminine in Spanish.

la necesidad	*necessity*
la personalidad	*personality*

Give the English equivalent of the following words.

1. felicidad
2. popularidad
3. individualidad

4. responsabilidad
5. moralidad

STRUCTURES

A. *Reflexive Verbs*

Rewrite the following sentences, using the appropriate present tense of the reflexive verbs.

1. Ellos (besarse) _____ en el parque.
2. El esposo (ponerse) _____ violentamente de pie.
3. La esposa (levantarse) _____ haciendo ademanes de furor.
4. Nosotros (pasearse) _____ y (alejarse) _____ unos pasos.
5. ¿(Matarse) _____ tú por el amor de otra persona?

B. *Infinitives*

The infinitive is used in Spanish in the following situations: 1) as a direct object, 2) as the object of a preposition; 3) with **al** to express the idea of *on* or *upon* doing something; 4) as a noun.

1) El quiere **matar** al otro porque está celoso.
2) ¿Lo dices para **complacer** a tu esposo?
3) Al **salir** vio al hombre detrás de un árbol.
4) El **amar** sin complicaciones no es interesante.

Rewrite the paragraph below, using the following infinitives:

ir	tener	quedarse
complicar	(el) amar	querer
matar	jugar	complacerle
saber	besar	creer

Al _____ a su esposa varias veces, el esposo quiso _____ si ella verdaderamente le amaba. El pensaba que había que _____ la felicidad para _____ unas buenas relaciones. Para _____ , la esposa le confesó que amaba a otro, pero esto no era verdad. Lleno de celos, el esposo quería _____ al otro y por eso decidió _____ en su busca. Al _____ sola, la esposa se rió mucho porque pensaba que para _____ a otra persona no había necesidad de _____ esta clase de juegos. Para ella, _____ era _____ totalmente en el otro.

C. *The Present Subjunctive Tense*

To form the present subjunctive, drop the **-o** ending of the first person singular of the present indicative, and add the following endings:

-ar verbs	**-e, -es, -e, -emos, -éis, -en**
-er and **-ir** verbs	**-a, -as, -a, -amos, -áis, -an**

The following verbs are irregular in the present subjective:

dar	⟶	**dé, des, dé, demos, déis, den**
estar	⟶	**esté, estés, esté, estemos, estéis, estén**
haber	⟶	**haya, hayas, haya, hayamos, hayáis, hayan**
ir	⟶	**vaya, vayas, vaya, vayamos, vayáis, vayan**
saber	⟶	**sepa, sepas, sepa, sepamos, sepáis, sepan**
ser	⟶	**sea, seas, sea, seamos, seáis, sean**

Rewrite the following sentences, using the present subjunctive tense of the verbs in parentheses.

1. ¿Lo dices para que yo (tener) _____ celos?
2. ¿Quieres que nosotros (ir) _____ contigo?
3. No quiero que tú (saber) _____ la verdad.
4. Voy a hablar cuando ellos (estar) _____ en silencio.
5. Dudo que ella (amar) _____ a otro hombre.

WRITING PRACTICE

Create a short dialogue between a man and woman in love who disagree about something. Use the vocabulary and grammatical structures studied in *No hay que complicar la felicidad.* Your mini-drama should be at least 100 words in length.

COMMUNICATIVE ACTIVITY

A. With one of your classmates, create a new humorous ending to *No hay que complicar la felicidad.* Begin with «¡Qué niños son los hombres! Para ellos hasta el amor es un juego».

B. Ask a classmate the following questions; then report your findings to the class.

1. ¿Eres celoso? ¿Por qué? ¿Conoces a muchas personas celosas? ¿Cómo son? ¿Qué piensas de ellas? ¿Sufren mucho las personas celosas? ¿Por qué?

2. ¿Crees que las mujeres son más celosas que los hombres? ¿Es bueno tener celos? ¿Es posible no ser celoso y amar con pasión? ¿Languidece el amor sin celos? ¿Por qué?

3. ¿De qué otra manera se puede complicar la felicidad? ¿Es una característica humana complicar la felicidad? ¿A qué tipo de personas le gusta complicarla? ¿Conoce a alguien que sea así?

Una mariposa[1] blanca

GRACIELA ROEPKE

Comedia en un acto

Personajes[2]   LUISA, SECRETARIA   UNA VIEJECITA
MADRE   SEÑOR SMITH, JEFE[4] DE OFICINA
AMANDA, VIUDA[3]   UN PROFESOR DISTRAÍDO[5]
INCONSOLABLE   UN SEÑOR APURADO[6]

I

Lugar de la acción: La sección de objetos perdidos[7] de una gran tienda. Oficina corriente[8] y poco acogedora.[9] Una mañana de primavera. Aparecen en escena Luisa Gray, secretaria de la oficina, y el profesor. Ella está buscando algo. Suena el teléfono.[10]

5   LUISA

Aló,[11] Rosas y Cía.,[12] sección de objetos perdidos. No, señor, equivocado.[13] Llame al 822. *(Cuelga el teléfono y se dirige al[14] cliente.)* ¿Es éste el libro que viene a buscar, señor?

PROFESOR

10   Sí, señorita. El mismo.[15] ¿Tuvo tiempo de leerlo?

LUISA

Sí, y me pareció[16] mucho mejor que *Lo que el viento se llevó*[17] ¡Tan triste! *(Pausa.)* Pero no comprendo, señor, por qué

---

[1] **mariposa** butterfly   [2] **personaje** character   [3] **viuda** widow   [4] **jefe** boss
[5] **distraído(-a)** absent-minded   [6] **apurado(-a)** hurried, in a hurry
[7] **perdido(-a)** lost; **sección de objetos perdidos** lost and found   [8] **corriente** ordinary, commonplace   [9] **acogedor** warm, appealing   [10] **suena el teléfono** the phone rings   [11] **aló** hello   [12] **Rosas y Cía.** Rosas and Company
[13] **equivocado(-a)** wrong; **estar equivocado** to be mistaken   [14] **dirigirse a** to address, to speak to   [15] **mismo(-a)** same; **el mismo** the very same
[16] **parecer** to seem; **me pareció** it seemed to me   [17] *Lo que el viento se llevó* Gone with the Wind

sale a hacer sus compras con libros si todas las semanas los pierde.

PROFESOR

Me molesta[18] andar con las manos vacías... Y como sé que en realidad no los pierdo...   5

LUISA

Tiene suerte que esta sección sea tan eficiente.

PROFESOR

Eso sí,[19] no me puedo quejar.[20] Nunca he venido a reclamar un libro que se me haya perdido[21] en la tienda, sin encontrarlo. 10

LUISA

De todos modos sería mejor que tuviera más cuidado.[22]

PROFESOR

Mi memoria anda cada día peor.[23] Bueno. Muchas gracias. Hasta la próxima semana. (*Sale.*)   15

LUISA

Hasta luego. (*El cliente sale.* LUISA *toma un ramo de flores[24] que hay sobre la mesa. Le saca el papel y lo coloca en un florero. Después va hacia la ventana y la abre. Se oye un vals muy suave. Hay un momento de ensueño.[25] Luego suena el teléfono.* LUISA 20 *vuelve a la realidad y atiende.*)[26] Aló. Sí, señora, Rosas y Cía., sección de objetos perdidos. Si lo perdió en cualquiera de los pisos de nuestra tienda, seguramente estará aquí. Siempre a sus órdenes, señora. (*Cuelga,[27] se dirige a su escritorio.[28] Entra* AMANDA.)   25

---

[18] **molestar** to bother; **me molesta** it bothers me   [19] **eso sí** you are right about that   [20] **quejarse** to complain   [21] **que...perdido** that I have lost (*accidentally*)   [22] **de...cuidado** anyway, it would be better if you were more careful   [23] **mi...peor** my memory keeps getting worse   [24] **ramo de flores** bouquet of flowers   [25] **ensueño** daydream   [26] **atender** (*el teléfono*) to answer (*the phone*)   [27] **colgar** (*el teléfono*) to hang up (*the phone*)   [28] **se dirige...escritorio** she goes towards her writing-desk

AMANDA

¿Quién estaba aquí, Luisa?

LUISA

El profesor, que todas las semanas pierde un libro. A veces
5 son buenos, y me entretengo.²⁹

AMANDA

Ah, ¿no era don Javier?

LUISA

¿Para qué quería al patrón,³⁰ Amanda?

10   AMANDA

Para darle los buenos días. ¡Me siento tan sola!

LUISA

Démelos a mí entonces. ¡Buenos días, Amanda!... Hermosa
mañana, ¿no es cierto?

15   AMANDA

Buenos días, Luisa. Pero no..., no es lo mismo... ¡No es lo
mismo!

LUISA

¿No?...

20   AMANDA

Durante viente años Rolando no dejó nunca de³¹ darme los
buenos días, incluso cuando estábamos enojados,³² y no me acostumbro sin ese saludo matinal,³³ dado por una voz de barítono.
(*Llora.*)

---

²⁹ **entretenerse** to amuse oneself   ³⁰ **patrón** boss   ³¹ **dejar de** to stop; **no
dejó...día** never failed to say good morning to me   ³² **incluso...enojados** even
when we were angry   ³³ **saludo matinal** morning greeting

LUISA

Bueno..., bueno... Pero no se ponga a [34] pensar en él ahora...

AMANDA

Es que esto de ser viuda...[35]

LUISA   5

Sé que tiene que ser muy duro para usted. Pero con el tiempo...

AMANDA

No me acostumbro, Luisa, no me acostumbro. Seis meses viuda y tan triste como el primer día. (*Lloriquea.*)[36]   10

LUISA

Además, el Sr. Smith no tiene voz de barítono.

AMANDA

Pero... es un hombre. ¡Y eso es lo que importa!

LUISA   15

Pero, por Dios... Por favor... Tómese una taza[37] de té, y trate[38] de calmar sus nervios. Hay mucho que hacer esta mañana.

AMANDA

Trataré... Porque la verdad es que... (*La interrumpe la en-*
trada del SR. SMITH. *Lo acompaña una pequeña y ridícula mar-* 20
cha militar.)[39]

SR. SMITH

Buenos días, buenos días, buenos días.

LUISA

Buenos días, señor.   25

---

[34] **ponerse a** to start   [35] **esto...viuda** this being a widow   [36] **lloriquear** to whimper   [37] **taza** cup   [38] **tratar** to try   [39] **lo acompaña...militar** a silly military march accompanies his entrance

AMANDA

Buenos días, buenos días, buenos días. (A LUISA.) Ahora me siento mejor. (*Sale.*)

SR. SMITH

5 Tenemos mucho que hacer hoy. ¿Alguna nueva transacción?...

LUISA

Ninguna, señor.

SR. SMITH

10 ¿Alguien ha preguntado por mí?...

LUISA

Ni un alma.

El SR. SMITH *tose[40] humillado. Luego se dirige a su escritorio y saca unos papeles. Pronto se da cuenta de que la ventana está* 15 *abierta y fulmina a* LUISA *con la mirada.[41]*

SR. SMITH

Señorita Luisa, ¿a qué se debe que esa ventana esté abierta?...[42] Sabe que detesto el aire. ¡Ciérrela!

LUISA

20 Es primavera, señor. El primer día de primavera...

SR. SMITH

Probablemente afuera, señorita. Aquí dentro es jueves, día de trabajo. Y el trabajo exige concentración. No piar[43] de pájaros.

LUISA

25 Muy bien, señor. (*Va resignadamente[44] a la ventana y la cierra.*)

---

[40] **toser** to cough   [41] **fulminar con la mirada a** to look daggers at
[42] **¿a qué se...abierta?** how come that window is open?   [43] **piar** to chirp;
(*as noun*) chirping   [44] **resignadamente** with resignation

SR. SMITH

Recuérdelo en el futuro. (*Ve las flores.*) Y eso... ¿qué significa?...

LUISA

Flores, señor. (*Como dándole a comprender.*)[45]

SR. SMITH

Sé lo que son. Pero no cómo han llegado aquí. Porque no habrán crecido en ese florero,[46] me imagino. Flores..., ¡qué atrevimiento![47]

LUISA

Las traje yo, señor.

SR. SMITH

Entonces sáquelas de ahí y rápido. Que no las vuelva a ver.[48] Y cuando su novio le regale flores, póngalas donde quiera, pero no en la oficina.

LUISA

(*Ofendida.*) —No tengo novio, señor. Las compré yo misma.

SR. SMITH

Gastar dinero en flores. ¡No hay duda de que las mujeres son locas! (*Toma las flores y las echa al canasto[49] de los papeles. Pausa.*) Y ahora, voy a ver al gerente.[50]

Sale. LUISA *mira las flores y suspira.[51] Luego se sienta a su máquina[52] y escribe muy concentrada. Después de un momento, como buscando algo, entra muy silenciosamente la* VIEJECITA.

---

[45] **como...comprender** as though explaining to him   [46] **no habrán...florero** they probably did not grow in that vase   [47] **¡qué atrevimiento!** what audacity!   [48] **que...ver** don't let me see them again   [49] **echar al canasto** to throw in the wastebasket   [50] **gerente** manager   [51] **suspirar** to sigh   [52] **máquina** typewriter

VIEJECITA

Buenos días... (*Como* LUISA *no oye, se acerca a ella y la toca ligeramente.*) ¡Buenos días!

LUISA

5   (*Sobresaltada.*)[53]—¡Oh!...

VIEJECITA

Perdón, la asusté...[54]

LUISA

No la oí entrar, señora. ¿Qué se le ofrece?[55]

10   VIEJECITA

¿Es aquí donde se reclama todo lo que se pierde?

LUISA

Sí, señora.

VIEJECITA

15   A veces no alcanzo a leer los letreros[56] en las puertas y me equivoco...

LUISA

¿Viene a buscar algo?...

VIEJECITA

20   (*Simplemente.*)—Un recuerdo.[57]

LUISA

Descríbamelo. Si lo perdió en cualquiera de las secciones de nuestra tienda, tiene que estar aquí.

---

[53] **sobresaltado(-a)** startled   [54] **asustar** to frighten, to alarm   [55] **¿qué se le ofrece?** what can I do for you?   [56] **no alcanzo...letreros** I am not able to read the signs   [57] **recuerdo** memory, souvenir (*The viejecita means "memory" but Luisa thinks she means "souvenir"*)

VIEJECITA

No..., no lo perdí en la tienda.

LUISA

(*Algo sorprendida.*)—Entonces, no hay ninguna seguridad de encontrarlo; descríbamelo de todos modos...   5

VIEJECITA

Es... que lo perdí hace años...

LUISA

¡Años!

VIEJECITA   10

Y... no sé cómo es...

LUISA

¡Señora!...

VIEJECITA

Si supiera cómo es, o dónde lo perdí, no vendría[58] a pedirle   15
ayuda a usted, ¿verdad?

LUISA

¿Algún recuerdo de familia?... ¿Algún objeto?...

VIEJECITA

No, señorita. Simplemente un recuerdo. Un recuerdo per-   20
dido en mi juventud...[59]

LUISA

Perdón, señora. Creo que no la comprendo...

VIEJECITA

Cuando se llega a mi edad, lo único que cuenta son los
recuerdos. Yo tengo algunos, pero sé que el mejor, el más bello   25

---

[58] **si supiera...no vendría** if I knew...I would not come   [59] **juventud** youth

¡se me perdió un día! Voló[60] de mi memoria como un pájaro y no he vuelto a encontrarlo. (*Pausa.*)

LUISA

Señora..., yo creo que usted está en un error. Aquí nosotros
5   no...

VIEJECITA

No me diga que no tienen recuerdos. La gente los pierde tan a menudo...

LUISA

10   No... Aquí no tenemos recuerdos... Por lo demás...[61]

VIEJECITA

(*Interrumpiéndola.*)—Antes que se me olvide, permítame.[62] (*Abre su bolso. Saca una tarjeta y se la pasa. LUISA la lee y se sorprende.*)

15   LUISA

Un momento, señora. Voy a buscar al jefe. Tome asiento.

Sale. La VIEJECITA *curiosea[63] un poco. Mira por todos lados y luego se sienta. Entra el* SR. SMITH *seguido por* LUISA. *Ambos miran un momento a la* VIEJECITA.

20   SR. SMITH

(*A* LUISA *en voz baja.*)—¿Esa es? (LUISA *asiente.[64]*) Y viene recomendada por un primo del Ministro de Educación. Un hombre de gran influencia, ¡qué oportunidad! (*Desanimándose.*)[65] Pero...debe ser loca..., tal vez peligrosa.[66]

25   LUISA

No lo parece.

---

[60] **volar** to fly   [61] **por lo demás** furthermore   [62] **permítame** allow me
[63] **curiosear** to nose about   [64] **asentir** to agree   [65] **desanimarse** to be discouraged   [66] **peligroso(-a)** dangerous

Se dirige a su escritorio y se pone a trabajar. El Sr. Smith *se ve obligado a enfrentar solo la situación.*[67]

SR. SMITH

(*Hombre de mundo.*)—Buenos días, señora. Mi secretaria me
ha informado de su petición. Quiero decirle que el primer deber   5
de esta oficina es complacer[68] al cliente, pero me temo que en
su caso...

VIEJECITA

Muy sencillo, señor. Se trata de...

SR. SMITH   10

Ya lo sé, señora...

VIEJECITA

¿Y no le parece sencillo?

SR. SMITH

No, no tanto como usted cree. (*Pausa.*) Me gustaría mucho   15
ayudarla,[69] pero...

VIEJECITA

No es nada más que un recuerdo, señor.

SR. SMITH

Precisamente, señora.   20

VIEJECITA

¿Por qué no tiene la amabilidad de[70] decirle a su secretaria
que lo busque?...

SR. SMITH

Creo que sería inútil.[71]   25

---

[67] **obligado...situación** forced to confront the situation by himself
[68] **complacer** to please   [69] **me gustaría...ayudarla** I would like very
much to help you   [70] **¿por qué...de** why don't you be so kind as to
[71] **creo...inútil** I think it would be useless

VIEJECITA

(*Desilusionada.*)[72]—Entonces ¡es verdad que ustedes no tienen recuerdos!

SR. SMITH

5   No, no tenemos recuerdos.

VIEJECITA

Pero...me dijeron que en esta oficina tenían todo lo que se
perdía.

SR. SMITH

10   Todo, señora. Pero no «todo».

VIEJECITA

Podría volver más tarde[73] si lo que necesitan es tiempo para...

SR. SMITH

Señora, venir a esta oficina a buscar un recuerdo perdido es
15 lo mismo que decirle al sol que no salga, o procesar[74] al invierno
porque...

VIEJECITA

¿Y por qué no? Tal vez no sea más que una cuestión de
hablar con ellos y llegar a un acuerdo.[75]

20   SR. SMITH

Señora..., ¡por favor!...

VIEJECITA

No sólo se puede hablar con la gente, señor. Recuerde a San
Francisco de Asís[76]... Les hablaba a los pájaros.

---

[72] **desilusionado(-a)** disappointed   [73] **Podría...tarde** I could come back
later   [74] **procesar** to try (*in a court of law*)   [75] **acuerdo** agreement   [76] **San
Francisco de Asís** St. Francis of Assisi (*1181–1226*), Italian saint and founder
of the Franciscan order

SR. SMITH

Pero nadie sabe si le contestaban. (*Pausa.*) Señora, lo siento infinitamente, pero mi tiempo es precioso y... (*Mira la tarjeta y hace un esfuerzo por controlarse.*) Ya le he dicho que me encantaría ayudarla, pero...[77]   5

VIEJECITA

Lo que vengo a buscar es tan simple.

SR. SMITH

No, señora, no es tan simple. (*Llama a* LUISA *con un gesto*   10
y le habla en voz baja.) Nunca me he encontrado en una situación semejante.[78] Todos los días viene gente, sin recomendación alguna, a buscar pañuelos y paraguas.[79] Tenemos de tantas clases y de tantos colores, que pueden elegir[80] si quieren. Y ahora, cuando por fin puedo hacer algo para tener grato[81] al Ministro   15
de Educación, ¡resulta ser esto!...

Lo interrumpe la entrada del SEÑOR APURADO.

SR. APURADO

Buenos días. Miércoles 20. 11 A.M. Paraguas seda amarilla,[82] cacha de cristal.[83] Perdido sección de sombreros.[84]   20

LUISA

Un momento, señor. Voy a ver.

SR. APURADO

Rápido, por favor.

SR. SMITH   25

Siéntese.

SR. APURADO

Imposible. Pérdida de tiempo.[85]

---

[77] **me...pero** I would love to help you but   [78] **semejante** similar   [79] **pañuelos y paraguas** handkerchiefs and umbrellas   [80] **elegir** to choose   [81] **tener grato** to please   [82] **seda amarilla** yellow silk   [83] **cacha de cristal** glass handle   [84] **sombrero** hat   [85] **pérdida de tiempo** a waste of time

SR. SMITH

Si perdió un paraguas, puede perder el tiempo. (*Se ríe.*)

SR. APURADO

Nunca pierdo nada.

SR. SMITH

¿Y el paraguas?...

SR. APURADO

Mi mujer.

SR. SMITH

¡Las mujeres! Siempre perdiendo algo...

SR. APURADO

Tiene razón.

SR. SMITH

No sé cómo no se pierden ellas mismas.

SR. APURADO

La mía, sí.

SR. SMITH

¿Cómo?

SR. APURADO

Dejó tres frases: «Me voy. Recobra[86] el paraguas. Me has perdido para siempre».

SR. SMITH

¡Demonios![87] No se preocupe. Volverá.

SR. APURADO

Ojalá no.[88] ¿Y la suya?...

---

[86] **recobrar** to get back, to recover   [87] **¡Demonios!** Hell!   [88] **ojalá no** I hope not

SR. SMITH

¿La mía? (*Sorprendido.*) Esa señorita es mi secretaria, no mi mujer.

SR. APURADO

Aire de familia.[89]

LUISA *entra con el paraguas.*

LUISA

Este debe ser, señor.

SR. APURADO

El mismo. Gracias. Ojalá llueva.

Sale rápidamente. LUISA *toma unos papeles y también sale. El* SR. SMITH *se dirige a la* VIEJECITA *que ha estado observando la escena.*

SR. SMITH

¿Usted vio a ese hombre, señora? Es una persona normal, práctica. Viene a buscar algo tangible: un paraguas. ¿Por qué no hace usted lo mismo?

VIEJECITA

No tengo paraguas, señor.

SR. SMITH

Hablaba en general. Ese hombre es un ejemplo.

VIEJECITA

¿Ejemplo de qué?...

SR. SMITH

De que dos y dos son cuatro. De que es imposible modificar ciertas cosas. Son... como son. Es un hecho que existen lo material y lo abstracto. Lo primero...

---

[89] **aire de familia** family likeness

VIEJECITA

No comprendo una palabra de lo que está diciendo, señor.
¡Por favor, ayúdeme a encontrar mi recuerdo y no lo molestaré
más![90]

5   SR. SMITH

(*Exasperado.*)—No puedo, señora, no puedo.

La VIEJECITA *no insiste. Hay una pausa. Luego ella habla como
quien ha reflexionado.*

VIEJECITA

10   Sabe que tiene razón...

SR. SMITH

Claro que la tengo.

VIEJECITA

No. Hablo de ese caballero que acaba de irse. Y de su secre-
15 taria. Pensándolo bien... ¿Por qué no se casa con ella?

SR. SMITH

¡Señora! ¡Cómo se atreve[91] usted!...

VIEJECITA

Ella está sola. Usted está solo...

20   SR. SMITH

Yo...no estoy solo...

VIEJECITA

Todo el mundo lo está.

SR. SMITH

25   Todo el mundo, menos yo.

---

[90] **no lo molestaré más** I will not bother you any more   [91] **atreverse** to dare

VIEJECITA

¿Cómo lo sabe?

SR. SMITH

Me basto[92] a mí mismo.

VIEJECITA   5

Yo diría que no.[93]

SR. SMITH

Sé zurcir calcetines,[94] lavar ropa,[95] y los minutos exactos
que demora en cocerse un huevo.[96]

VIEJECITA   10

¿Y con quién conversa?...

SR. SMITH

Conmigo mismo. Y le aseguro que nadie podría[97] decirme
las cosas que me dice mi imagen mientras me afeito.[98]

VIEJECITA   15

¿Qué le puede decir sino verdades? Y a nadie le gusta oírlas...

SR. SMITH

Señora, yo vivo en la verdad.

VIEJECITA

Lo mejor de los demás es que pueden mentirnos...   20

SR. SMITH

Todo esto es una pérdida de tiempo y yo...

---

[92] **bastarse** to be sufficient for oneself   [93] **yo diría que no** I would say no
[94] **zurcir calcetines** to mend socks   [95] **lavar ropa** to do the laundry
[96] **los minutos...huevo** the exact number of minutes it takes an egg to cook;
cocer to cook (*coser* to sew)   [97] **nadie podría** nobody could   [98] **afeitarse**
to shave

VIEJECITA

(*Sin hacerle caso.*)⁹⁹ —Estoy segura de que ella lo quiere...

SR. SMITH

¿A mí? ¿Ella? Nunca se me habría ocurrido.¹ Siempre seria,
5 siempre vestida de oscuro... (*Pausa.*) ¿De veras usted lo cree?

Entra LUISA. *El* SR. SMITH *la mira. La vuelve a mirar. Se oye el
vals en sordina.*²

SR. SMITH

(*Muy alegre.*)—¿Desea algo, Luisa?

10   LUISA

(*Extrañada por su tono.*)³ La lista de las cosas definitivamente perdidas.

SR. SMITH

(*Almíbar.*)⁴—Segundo cajón a la izquierda.⁵

15 LUISA *se dirige al cajón, saca un papel y, a punto de*⁶ *salir, se
detiene un instante y lo observa.*

LUISA

(*Mirando al* SR. SMITH *fijamente.*)—¿Le pasa algo, señor?

SR. SMITH

20   Nada. ¿Por qué?

LUISA

¿Se siente bien?

SR. SMITH

Perfectamente. ¿Qué le hace pensar otra cosa?⁷

---

⁹⁹ **hacer caso** to pay attention   ¹ **nunca...ocurrido** it would never have
occurred to me   ² **en sordina** softly   ³ **extrañada por su tono** surprised
by his tone (*of voice*)   ⁴ **almíbar** syrup (*meaning as sweet as can be*)
⁵ **segundo...izquierda** second drawer to the left   ⁶ **a punto de** about to
⁷ **qué...cosa?** what makes you think differently?

LUISA

Su amabilidad,[8] señor. La última vez que lo oí hablar tan suavemente fue cuando usted estaba a punto de caer en la cama con pulmonía.

SR. SMITH   5

(*Con voz de trueno.*)[9]—Ahora no voy a tener pulmonía ni nada que se le parezca.[10] ¿Está tratando de decirme que no puedo ser amable? ¿Qué nunca soy amable? Sepa, señorita, que cuando quiero soy tan suave como un cordero,[11] ¿me oye?, como un cordero. (LUISA *sale aterrada.*[12] *El* SR. SMITH. *se vuelve a la* 10 VIEJECITA.) ¿Lo ve? ¿Y usted decía que estaba enamorada de mí?... Sentirme mal... Pulmonía...

VIEJECITA

Señor...

SR. SMITH   15

¿Qué?

VIEJECITA

La lista de las cosas definitivamente perdidas...

SR. SMITH

¿Cómo?   20

VIEJECITA

Tal vez mi recuerdo esté entre ellas.

SR. SMITH

Entonces más vale[13] que se despida de él. En esta oficina, lo que está definitivamente perdido ¡está definitivamente per- 25 dido! ¡No se le encuentra más!

---

[8] **amabilidad** kindness   [9] **trueno** thunder   [10] **ni nada...parezca** nor anything of the sort   [11] **tan...cordero** as gentle as a lamb   [12] **aterrado(-a)** terrified   [13] **más vale** it is better

VIEJECTIA

¿Y si aparece, después de todo?

SR. SMITH

Desaparece nuevamente. Aquí nadie me contradice cuando
5 yo digo algo. Y lo que le digo a usted, señora, es que haga el
favor de irse. No puedo hacer nada por usted.

VIEJECITA

¿Por qué no trata?...

SR. SMITH

10 (*Desesperado.*)—¡Estoy tratando! (*Pausa.*) Mire, señora, le
propongo algo. Venga mañana a hacer alguna compra en cualquiera de las secciones, pierda una chalina[14]..., un guante[15]... y
vuelva el lunes a buscarlo. ¿Qué le parece?

VIEJECITA

15 Tengo tres chalinas, señor. Y dos pares de guantes. Uno de
lana[16] para el invierno y otro de seda para el verano. Lo que
realmente necesito es otra cosa.

SR. SMITH

Con tal de que[17] terminemos, señora..., estoy dispuesto a
20 obsequiárselo.[18] Dígame lo que es y yo... (*Echa mano a la
billetera.*)[19]

VIEJECITA

Un recuerdo. Un recuerdo tan único y completo que pueda
traerme alegría en primavera y melancolía en otoño. Es lo único
25 que me hace falta,[20] y usted no podría sacarlo de su bolsillo[21] ni
aunque fuera un mago.[22]

---

[14] **chalina** scarf [15] **guante** glove [16] **lana** wool [17] **con tal de que** provided
that [18] **obsequiar** to give [19] **echa...billetera** he reaches for his billfold
[20] **es...falta** it is the only thing I need [21] **bolsillo** pocket [22] **ni...mago** even
if you were a magician

SR. SMITH

Me doy por vencido.[23] Me doy por vencido... (*Llamando a gritos.*)[24] Señorita Luisa... Señorita Luisa... (*Aparece.*)

LUISA

¿Señor?   5

SR. SMITH

Le doy diez minutos para solucionar este asunto.

LUISA

Pero, señor...

SR. SMITH   10

(*Mirando el reloj.*) ¡Nueve minutos y veinte segundos! (*Sale.*)

LUISA

(*Después de una pausa.*)—¿No cree usted, señora, que alguna otra cosa puede servirle? Algún chal... (*La* VIEJECITA *niega con la cabeza.*) O un buen libro... (*Idem.*)[25] Estoy segura de que el SR. SMITH se alegrará[26] mucho de poder ofrecerle lo principal 15 que tenga en la oficina.

VIEJECITA

Lo principal es lo que menos me sirve.

LUISA

No entiendo.   20

VIEJECITA

La soledad.[27]

LUISA

¿La soledad?

---

[23] **darse por vencido** to give up   [24] **llamar a gritos** to shout   [25] **idem** same as above   [26] **se alegrará** will be happy   [27] **soledad** solitude

VIEJECITA

¿No piensa nunca en ella?

LUISA

Una persona ocupada como yo, tiene otras cosas en que
5 pensar...

VIEJECITA

No es necesario preocuparse de algunas; se siente, se vive
en ellas. ¿Piensa usted mucho en sí misma, en su vida?

LUISA

10   La vida mía no tiene nada de particular.[28] Es como la de
todos; a veces entretenida..., a veces aburrida.[29] Trabajo..., voy
al cine..., salgo con mis amigos...

VIEJECITA

¿Por qué quiere engañarse, Luisa?

15   LUISA

Señora..., no comprendo... ¿A qué viene[30] esta conversación?

VIEJECITA

La soledad llena esta pieza. ¿No la oye llorar en los rin-
cones,[31] cruzar junto a usted como una ráfaga[32] de aire helado?
20 ¿No la huele[33] entre el polvo de los libros y la seda sin color de
los paraguas? ¡La soledad! A mis años no tiene importancia, pero
a su edad... (*Pausa.*) Déjeme darle un consejo,[34] hijita: no llegue
a vieja sin recuerdos.

LUISA

25   ¡Recuerdos!

---

[28] **nada de particular** nothing special   [29] **aburrido(-a)** boring   [30] **¿a qué
viene...?** what is the point of...?   [31] **rincón** corner   [32] **ráfaga** gust   [33] **oler** to
smell   [34] **consejo** advice

VIEJECITA

Sí... Muchos. De todas clases. Desde los más completos hasta los más simples... Una tarde de invierno puede bastarle.

LUISA

¿Una tarde de invierno?...   5

VIEJECITA

Sí... Pero no como las que vive ahora. Apresúrese;[35] ¡déjelas atrás!

LUISA

Son como las de todo el mundo. (*Defendiéndose.*)   10

VIEJECITA

¿Quiere que se las describa?

LUISA

(*Con un grito.*)—¡No! Las conozco demasiado bien.

II   15

Pausa. Se cubre[36] el rostro[37] con las manos. La luz va decreciendo hasta iluminarla a ella sola. Se oye el vals. Vemos a LUISA *sola sentada, cosiendo. Luego se levanta. Se oye la voz de la madre.*

MADRE   20

Luisa... Luisa, ¿adónde vas?

LUISA

A ninguna parte, mamá.

MADRE

Pero si te oigo moverte...   25

---

[35] **apresurarse** to hurry up   [36] **cubrir** to cover   [37] **rostro** face

LUISA

Iba a buscar el hilo azul.

MADRE

Hay dos carretes[38] en tu bolsa de labor.[39] Ayer los puse ahí.
5 Si se han perdido, debe ser culpa tuya.[40] Enferma como estoy,
tengo que hacerlo todo en esta casa...

LUISA

Ya las encontré, mamá, no te preocupes.

Hay un silencio. Se oye el vals.

10   MADRE

¿Vas a salir, Luisa?

LUISA

No, mamá.

MADRE

15 Te oigo caminar; si caminas es que vas a alguna parte.

LUISA

No, mamá.

MADRE

No me gusta que salgas sola a esta hora.

20   LUISA

Ya no soy una niña, mamá.

MADRE

Una mujer es siempre una mujer, y tiene que cuidarse. Prométeme que siempre te cuidarás, Luisa.

25   LUISA

En unos años más no necesitaré cuidarme, mamá.

---

[38] **carrete** spool   [39] **bolsa de labor** sewing basket   [40] **culpa tuya** your fault

MADRE

¡Tonterías! Eres muy joven. Y estás en la edad de casarte.
No comprendo por qué no te casas. Por qué no haces nada por
casarte.

LUISA   5

¿Qué quieres que haga?

MADRE

Invitar a tus amigos... Me encantaría ver la casa llena de
jóvenes... ¿Cuándo será ese día,[41] Luisa?...

LUISA   10

Nunca, mamá.

MADRE

Te he repetido hasta el cansancio que tu jefe sería el indi-
cado: un viudo nada de pobre[42]...

LUISA   15

Pero no me quiere, mamá.

MADRE

Da lo mismo: el amor sólo trae complicaciones.

LUISA

Pero también trae recuerdos, mamá... ¡Recuerdos!   20

La luz se apaga. Vuelve la iluminación completa y vemos a LUISA
de pie como antes. La VIEJECITA *está observándola.* LUISA *se
acerca al canasto de los papeles, recoge las flores y vuelve a
ponerlas en el florero con decisión. El* SR. SMITH *entra. Se muestra sorprendido[43] al ver a la* VIEJECITA.   25

---

[41] **¿cuándo será ese día?** when will that day come?   [42] **te he repetido...
pobre** I have told you over and over again that your boss would be the logical
choice: he is widower, and not poor   [43] **se muestra sorprendido** he looks
surprised

SR. SMITH

(A LUISA.)—¿Cómo? ¿Todavía no se ha deshecho[44] de ella?

LUISA

No puedo, señor.

5   SR. SMITH

Tiene que poder. Una secretaria mía lo puede todo.

LUISA

Le repito que no puedo, señor.

SR. SMITH

10   ¿Y por qué no?...

LUISA

Porque ella tiene razón.

SR. SMITH

¿Qué?...

15   LUISA

¿No tiene usted recuerdos, señor?

SR. SMITH

Por supuesto que tengo. Y a montones.[45] ¡Qué pregunta más rara!

LUISA

20   Yo no tengo. Y quisiera tenerlos.[46] Creo que con uno solo me bastaría[47]...

SR. SMITH

¡Señõrita Luisa! ¿Se ha vuelto loca?[48]

---

[44] **deshacerse** to get rid of (*someone or something*)   [45] **a montones** lots of   [46] **y...tenerlos** and I would like to have them   [47] **con...bastaría** just one would be enough for me   [48] **volverse loco** to go crazy

LUISA

No, me he vuelto cuerda.[49]

SR. SMITH

¿Por qué cree en lo que ella le dice?

LUISA   5

Lo que ella dice es verdad. Piénselo un segundo, y le encontrará razón.[50]

SR. SMITH

Ni aunque lo pensara un año entero.[51]

LUISA   10

Mire su vida, y véala como realmente es.

SR. SMITH

Una hermosa vida, lo sé.

LUISA

Porque se lo dicen los demás.   15

SR. SMITH

No necesito que nadie me lo diga.

LUISA

Otros ojos pueden verla en forma diferente.

SR. SMITH   20

Mis ojos son excelentes. Tengo cincuenta años, y leo sin anteojos.[52] (*Pausa.*) Señorita Luisa, yo comprendo que quisiera cooperar[53] conmigo y por eso...

LUISA

No, señor, le digo que ella tiene razón.   25

---

[49] **me he vuelto cuerda(-o)** I have come to my senses   [50] **le encontrará razón** you will see that she is right   [51] **ni...entero** not even if I thought about it for a whole year   [52] **anteojos** eyeglasses   [53] **quisiera cooperar** would like to cooperate

SR. SMITH

¿En serio? Creo que soy yo el que va a volverse loco. (*Ve las flores en el florero.*) ¡Esas flores! ¿Quién...?

LUISA

5   (*Resuelta.*)⁵⁴—Yo, señor; es el lugar que les corresponde.

SR. SMITH

¡Dios mío! esto es una conspiración. (*Suena el teléfono. LUISA lo atiende.*) No estoy para nadie.

LUISA

10   Sí; un momento, señor. (*Le pasa el teléfono al SR. SMITH.*) El Ministro de Educación.

SR. SMITH

Usted querrá decir⁵⁵ el secretario del Ministro.

LUISA

15   No, el Ministro en persona.

El SR. SMITH se prepara a hablar.

SR. SMITH

(*Con voz almibarada.*)—Aló... Sí, Excelencia. No, Excelencia... Por supuesto, Excelencia... Está justamente aquí, y me
20 ocupo de ella personalmente. ¡Naturalmente! Basta que usted me lo ordene... Siempre a sus órdenes, Excelencia... (*Corta.*)⁵⁶ El Ministro me pide que ayude a esta señora, y lo haré⁵⁷ antes de volverme definitivamente loco. (*A la VIEJECITA.*) Veamos... Usted quiere un recuerdo; bien..., ¿de qué clase?...

25   VIEJECITA

Uno muy simple, señor.

---

⁵⁴ **resuelto(-a)** resolved   ⁵⁵ **Usted querrá decir** you must mean   ⁵⁶ **cortar** to cut; **corta** hangs up (*the phone*)   ⁵⁷ **y lo haré** and I will do it

SR. SMITH

Menos mal que[58] es modesta. ¿De qué tipo?

VIEJECITA

No tengo preferencias.

SR. SMITH   5

¡Ajá![59]... (*Reflexiona.*) Ya sé... Luisa, vaya a buscar a Amanda. (LUISA *se aleja. El* SR. SMITH *se pasea con impaciencia.* AMANDA *llega muy exitada.*) Señora Amanda, aunque mi petición le parezca rara, le ruego que deje las preguntas y comentarios para más tarde. Lo único que deseo advertirle[60] es que estoy en mi 10 sano juicio.[61] (*Pausa.*) Mi querida señora Amanda: tal vez usted tenga un recuerdo que pueda servirle a la señora.

AMANDA

¿Cómo?

SR. SMITH   15

Le he oído decir mil veces cuánto ha sufrido; por lo tanto, tiene que tener recuerdos.

AMANDA

Pero, señor..., yo no...

SR. SMITH   20

No me diga que con el sueldo[62] que le pago no puede permitirse el tener recuerdos. Tiene que tenerlos. Es más: le ordeno que los tenga y que dé uno a esta señora. El que ella elija.

AMANDA

Pero seguramente ella va a elegir el mejor.   25

SR. SMITH

Si eso sucede, le aumentaré[63] el sueldo. Por favor, ¡ayúdeme!

---

[58] **menos mal que** it is a good thing that   [59] **¡Ajá!** Aha!   [60] **advertir** to advise, to inform   [61] **estar...juicio** to be in one's right mind   [62] **sueldo** salary   [63] **aumentar** to increase

AMANDA

Muy bien. Cualquiera de mis recuerdos, menos el de mi pobre Rolando.

SR. SMITH

5   Si ella quiere ése, se lo compro. ¿Cuánto quiere por el recuerdo de su pobre Rolando?

AMANDA

Señor..., no sé si debo[64]...

SR. SMITH

10   Quinientos... Mil... Dos mil...

AMANDA

Es suyo. (*Pausa. Se acerca a la* VIEJECITA.) Todo comenzó un día de primavera, cuando los almendros[65] estaban en flor.

SR. SMITH

15   (*Estornudo.*)—No mencione los almendros. (*Vuelve a estornudar.*[66]) Me dan alergia.

AMANDA

Pero no puedo hablar de Rolando sin mencionar los almendros...

20   SR. SMITH

(*Vuelve a estornudar.*)—¡Caramba! (AMANDA *quiere hablar.*) No..., no diga nada. No puedo oír la palabra almendros. (*Vuelve a estornudar.*) ¡Maldita sea![68]... No..., no, usted no me sirve. Váyase... Váyase.

---

[64] **no sé si debo** I do not know if I should   [65] **almendro** almond tree
[66] **estornudo** sneeze; **estornudar** to sneeze   [67] **¡Caramba!** Goodness me!
[68] **¡Maldita sea!** Damn it!

AMANDA *sale aterrada. El* SR. SMITH *se deja caer⁶⁹ en su escritorio sonándose estrepitosamente.⁷⁰ Una pausa. Luego contempla a la* VIEJECITA, *que se ha sentado y saca un tejido⁷¹ de la bolsa.*

SR. SMITH

(Al borde del colapso.)⁷²—¿Qué está haciendo?　　　5

VIEJECITA

Hacer algo útil mientras espero.

SR. SMITH

¿Por qué no se va a su casa? Le prometo avisarle apenas⁷³ el primer recuerdo bonito aparezca por aquí.　　　10

VIEJECITA

No. Gracias. Tengo que esperar.
(Pausa.)

SR. SMITH

Señora, creo que usted tiene suerte, después de todo. Ahora 15 tendré que⁷⁴ tomar uno de mis recuerdos, y eso no le sucede a cualquiera. Déjeme ver. Algo reciente..., importante..., agradable..., ¡ya se!

VIEJECITA

¿Sí?　　　20

SR. SMITH

El día que recibí la medalla al mejor servidor.

VIEJECITA

¿Servidor de qué?　　　25

---

⁶⁹ **dejarse caer** to plop down　⁷⁰ **sonándose estrepitosamente** blowing his nose loudly　⁷¹ **tejido** knitting; **tejer** to knit, to weave　⁷² **al borde del colapso** on the edge of collapse　⁷³ **apenas** as soon as　⁷⁴ **tendré que** I will have to

SR. SMITH

Público, señora. Una medalla de plata con la rueda de la fortuna.[75] Y permítame decirle que las dos personas agraciadas con ese galardón[76] antes que yo, eran el capitán de bomberos[77] 5 y el presidente de la Liga contra los Eclipses de Sol, ¡dos personalidades!

VIEJECITA

Señor, aprecio mucho su intención, pero su medalla...

SR. SMITH

10 De plata, señora, una verdadera joya.[78] Y después de la ceremonia me festejaron[79] con un banquete. El vicepresidente en persona pronunció un discurso.[80] Soy un hombre modesto, se lo aseguro, pero después de muchos años se me iba a hacer justicia[81]... Recuerdo que era un lunes... (*Con estas últimas pa-* 15 *labras las luces van apagándose y sólo vemos al* SR. SMITH *iluminado por un foco.*[82]) El gerente y el subgerente me habían citado[83] a las once. Yo estaba tan impaciente que llegué media hora antes. Cuando iba a golpear la puerta, oí voces, y no pude resistir la tentación de escuchar. Estaban hablando de mí y en 20 forma muy agradable: yo era el mejor empleado que la firma había tenido en veinte años. Mi honestidad..., mi discreción...

VOZ UNO

Un pobre hombre.

SR. SMITH

25 Mis méritos..., mi inteligencia...

VOZ UNO

Un pobre tonto.

---

[75] **rueda de la fortuna** wheel of fortune [76] **galardón** reward [77] **bombero** fireman [78] **joya** jewel [79] **festejar** to celebrate, to honor [80] **discurso** speech [81] **hacer justicia** to do justice [82] **foco** spotlight [83] **citar** to arrange to meet, to make an appointment with

SR. SMITH

Mi capacidad...

VOZ UNO

No tiene ninguna.

SR. SMITH   5

Mis veinte años de servicio...

VOZ UNO

¿Qué ha hecho de bueno en estos veinte años?

SR. SMITH

El único merecedor[84] de un premio[85]...   10

VOZ UNO

Tenemos que dárselo a alguien.

SR. SMITH

(*Gritando.*)—Jamás atrasado.[86]

VOZ UNO   15

Nunca a tiempo.[87]

SR. SMITH

(*Desesperado.*):—No, no, no, no fui nunca así. Decían cosas muy distintas. Decían que yo era...

VOZ DOS   20

Un empleado modelo. Un lujo para la firma.

SR. SMITH

Sí, eso era..., eso era... (*Aliviado.*)[88]

---

[84] **merecer** to deserve   [85] **premio** prize   [86] **jamás atrasado** never late
[87] **nunca a tiempo** never on time   [88] **aliviado(-a)** relieved

VOZ UNO

Es un mentiroso. No merece estos honores.

VOZ DOS

Después de tantos años, tenemos que hacer algo. Una me-
5 dalla de plata y un banquete. Y, por supuesto, un discurso.

VOZ UNO

¿Y qué diremos?...[89]

VOZ DOS

La verdad.

10   VOZ UNO

Está loco.

SR. SMITH

No, no quiero discursos. Una vida como la mía, una hermosa
vida...

15   VOCES

Vacía[90]..., inútil...

SR. SMITH

No..., no..., no...

VOZ DOS

20   Brindo,[91] señores, por este modelo de empleado fiel que tan
justamente merece nuestro homenaje. Su vida...

SR. SMITH

¿Mi vida?...

VOCES

25   Vacía..., inútil...

---

[89] **¿y qué diremos?** and what will we say?   [90] **vacío(-a)** empty   [91] **brindar**
to toast

SR. SMITH

(*Con desesperación.*)—No..., no..., no... Yo no soy ese hombre. (*Las luces van volviendo lentamente. El* SR. SMITH *se deja caer en una silla. La* VIEJECITA *sigue tejiendo.*) Jamás... Juro que nunca nadie dijo eso de mí. Esto no es un recuerdo: es una 5 pesadilla[92] que debo haber tenido. (*Pausa.*) Sí, una pesadilla que se me había olvidado. No fue así. ¡No pudo ser así!

VIEJECITA

¿Se siente mal, señor?

SR. SMITH   10

No, ya pasó. (*Para sí.*)[93] Estaban hablando de otra persona. Ese hombre no soy yo. (*A la* VIEJECITA, *con inquietud.*) ¿Me oyó decir algo, señora?

VIEJECITA

Me habló de su medalla.   15

SR. SMITH

¿Mi medalla? No tiene tanta importancia. Reconozco que a veces soy algo exagerado... ¿Qué es una medalla después de todo?

VIEJECITA

¿Y el banquete?   20

SR. SMITH

Una comida mala y aburrida.

VIEJECITA

¡Ah!...

SR. SMITH   25

Vanitas vanitatum.[94]

---

[92] **pesadilla** nightmare   [93] **para sí** to himself   [94] ***Vanitas vanitatum*** Vanity of vanities

VIEJECITA

¿Cómo?

SR. SMITH

Latín. Lo estudié hace muchos años.

5   VIEJECITA

Es usted un hombre culto,[95] señor.

SR. SMITH

(*Volviendo a adquirir confianza.*)—¿Le parece?... Eso quiere
decir: «Vanidad de vanidades». (*Pausa.*) No hallo qué otra cosa
10 ofrecerle, señora. Me temo que no tengo muchos recuerdos que
pudieran servirle.[96]

VIEJECITA

¡Pero si usted insistió en que tenía tantos!

SR. SMITH

15   ¿Tantos?... Sí; eso creía...

VIEJECITA

Pero tiene que haber algo en su vida..., una mañana de
otoño... o una tarde de lluvia...

SR. SMITH

20   No.

VIEJECITA

¿Alguien, entonces?...

SR. SMITH

Nadie.

---

[95] **culto** educated   [96] **que pudieran servirle** that would be of use to you

VIEJECITA

¿Alguna buena acción?[97]... ¿O quizá algún rayo de sol sobre el agua?

SR. SMITH

No. Nada. (*Pausa.*) Lo siento. (*La* VIEJECITA *se levanta.*) Lo ⁵ siento..., lo siento mucho...

VIEJECITA

Tal vez otro día...

Se dirige a la puerta. Está a punto de salir cuando el SR. SMITH *bruscamente*[98] *parece recordar algo.*   10

SR. SMITH

¡Espere!... Espere un segundo... Recuerdo que cuando era un muchacho salvé una mariposa de morir ahogada.[99] ¿Le interesaría eso? (*La* VIEJECITA *asiente.*) Yo...estaba sentado al borde de un arroyo[1]... y la vi en el agua, debatiéndose,[2] con las alas ¹⁵ pesadas[3]... La cogí[4] en una hoja[5]... Apenas sus alas se secaron[6] se fue. (*Pausa.*) Era... ¡una mariposa blanca!...

VIEJECITA

¡Gracias, señor! ¡Gracias! ¡Justo el recuerdo que estaba buscando!   20

SR. SMITH

(*Satisfecho de sí mismo.*)—¡Qué buena suerte! Permítame que le cuente los detalles. Le puedo hacer la más hermosa descripción.

VIEJECITA   25

No..., no. Ya le he quitado demasiado tiempo,[7] señor.

---

[97] **¿alguna buena acción?** some good deed?   [98] **brusco(-a)** abrupt, brusque; **bruscamente** abruptly   [99] **ahogado(-a)** drowned   [1] **al...arroyo** on the bank of a stream   [2] **debatiéndose** struggling   [3] **las alas pesadas** heavy wings (*because they were wet*)   [4] **coger** to pick up   [5] **hoja** leaf   [6] **secarse** to dry   [7] **quitar demasiado tiempo** to take up too much time.

SR. SMITH

No hay ningún apuro, señora.

VIEJECITA

Gracias, pero tengo que irme.

SR. SMITH

La mañana..., el agua...

Entra LUISA.

LUISA

Señor Smith...

SR. SMITH

No me interrumpa. Ahora que recuerdo, me siento inspirado.
(*A la* VIEJECITA.) Vuelva otro día, señora, y yo le contaré todo. La
mañana..., el agua..., el aire..., las flores... Siempre tengo flores
en mi escritorio...

LUISA

¿Cómo?...

SR. SMITH

Y el aire es tan agradable en un día de primavera. (*Abre la
ventana.*) Tal vez..., tal vez yo tenga alma de poeta... (*Se siente
muy satisfecho de sí mismo.*)

VIEJECITA

Perdóneme, señor, pero tengo que irme.

SR. SMITH

¿Está satisfecha, señora?...

VIEJECITA

¡Completamente!

SR. SMITH

(*Galante.*) —Créame que ha sido un placer. Y era tan simple,
después de todo. ¡Quién no tiene recuerdos!...

VIEJECITA

Sí..., quién no los tiene..., aunque sea uno![8]... (*Sale silenciosamente.*)

LUISA

(*Casi gritando.*)—¡Espere!...   5

SR. SMITH

Déjela que se vaya. Y alégrese, Luisa; todo está arreglado.[9]

LUISA

Lo felicito, señor.

SR. SMITH   10

¿Y a qué viene esa cara larga[10] entonces?... Esto puede significarme un aumento de sueldo. (*La mira.*) Y ese traje, Luisa. Usted es demasiado seria. Siempre de oscuro. No está de luto, que yo sepa.[11] (*Pausa.*) Creo que el color claro le sentaría[12]...

LUISA   15

Tengo un vestido lila,[13] pero hace tiempo que no lo uso.

SR. SMITH

Yo creo que usted debería... (*tose*) ¡debería volver al trabajo! (*Se sienta a su escritorio.* LUISA *hace lo mismo. Después de un momento el* SR. SMITH *levanta la cabeza.*) ¡Esa ventana! (*Luisa* 20 *se levanta obediente para ir a cerrarla.*)

LUISA

Sí, señor...

SR. SMITH

No. Déjela abierta. Después de todo, hace un lindo[14] día. 25 (LUISA *se inclina sobre la ventana como si viera algo que sigue con la vista.*[15]) ¿Qué está mirando?...

---

[8] **aunque sea uno** even one   [9] **arreglar** to arrange, to get in order   [10] **cara larga** long face   [11] **que yo sepa** as far as I know   [12] **el color...sentaría** light colors would look good on you   [13] **lila** lilac (*color*)   [14] **lindo** beautiful   [15] **como...vista** as if she saw something that she follows with her eyes.

LUISA

(*Vuelve a su escritorio con un cierto aire de ensueño.*)—Me pareció ver..., me pareció ver... ¡una mariposa blanca!...

Ambos trabajan. Ella escribe a máquina. En sordina se oye
5 *el vals.*

TELÓN

EXERCISES

I

READING COMPREHENSION

Answer the following questions in Spanish.

1. ¿Dónde tiene lugar la acción?
2. ¿Qué época del año es? ¿Cómo lo sabemos?
3. ¿Por qué viene el profesor distraído a la sección de objetos perdidos?
4. ¿Por qué se siente Amanda tan sola?
5. ¿Cómo reacciona el Sr. Smith cuando ve la ventana abierta y las flores en el escritorio?
6. ¿Qué busca la viejecita? ¿Cuándo perdió lo que busca?
7. ¿Quién ha recomendado a la viejecita?
8. ¿Cómo habla el Sr. apurado?
9. ¿Qué ha perdido él?
10. ¿Qué le sugiere la viejecita al Sr. Smith con respecto a Luisa?
11. ¿Cómo es el Sr. Smith?
12. ¿Crée Ud. que el Sr. Smith cambia un poco de actitud después de hablar con la viejecita?
13. ¿Le sorprende a Luisa la amabilidad del Sr. Smith?
14. ¿Cómo es la vida de Luisa?

15. ¿Por qué cree la viejecita que los recuerdos son importantes?
16. ¿Sabe Luisa lo que es la soledad? Explique.

Select the word or phrase that best completes each statement according to *Una mariposa blanca.*

1. El profesor distraído pierde sus libros porque
   a) siempre tiene muchas cosas en sus manos.
   b) su memoria anda cada día peor.
   c) no le gusta andar con las manos llenas.

2. Luisa coloca _____ en un florero.
   a) unos papeles
   b) un ramo de flores
   c) un paraguas amarillo

3. El señor apurado habla de esa manera porque
   a) busca a su esposa.
   b) no quiere perder el tiempo.
   c) quiere un paraguas amarillo.

4. Desesperado, el Sr. Smith le sugiere a la viejecita que compre
   _____ y luego los pierda.
   a) una chalina y unos guantes
   b) una billetera y unos guantes de lana
   c) unos recuerdos de otoño

5. La viejecita cree que la sección de objetos perdidos está llena de
   a) objetos raros
   b) personas alegres
   c) soledad

VOCABULARY STUDY

A. *Vocabulary Usage*

Select the word that does not belong to each group.

1. secretaria, oficina, viuda, teléfono, escritorio
2. ramo, barítono, florero, perfume, flor
3. gerente, jefe, patrón, director, cliente
4. calcetines, guantes, sombrero, chalina, canasto
5. beso, amor, letrero, pasión, ensueño
6. volar, piar, pájaro, ave, cordero

Write original Spanish sentences using the following idioms and phrases.

1. estar equivocado
2. tener cuidado
3. dejar de
4. ponerse a
5. fulminar con la mirada
6. tener la amabilidad de
7. llegar a un acuerdo
8. perder el tiempo
9. aire de familia
10. llamar a gritos

B. *Cognate and Word Formation Exercise*

It is usually possible to form a noun from certain Spanish **-ar** verbs by dropping the infinitive ending and adding **-a** or **-o.**

practic**ar** ⟶ prácti**ca**
abandon**ar** ⟶ abando**no**

Nouns ending in **-ción** are usually derived from **-ar** verbs.

convers**ar** ⟶ conversa**ción**
oper**ar** ⟶ opera**ción**

Give the Spanish **-ar** verbs from which the following nouns are derived.

1. compra
2. actuación
3. reclamo
4. saludo
5. lloriqueo
6. enojo
7. trato
8. marcha
9. concentración
10. gasto
11. habla
12. pausa
13. olvido
14. contestación
15. ayuda
16. negación

Give the Spanish cognates of the words in parentheses.

1. Es una (*comedy*) _____ en un acto.
2. La (*secretary*) _____ está enamorada del jefe.
3. Amanda es una viuda (*inconsolable*) _____ .
4. Luisa trabaja en una (*office*) _____ de objetos perdidos poco acogedora.
5. El (*professor*) _____ olvidó su libro en la tienda.
6. No contestó el (*telephone*) _____ .

7. Es una mujer sin (*education*) _____ .
8. ¿Por qué no lo quieres (*modify*) _____ ?
9. Luisa, ¿me puedes hacer un (*favor*) _____ ?
10. La viuda no puede (*exist*) _____ sin su marido.
11. ¿Por qué no haces la (*transaction*) _____ ahora?

STRUCTURES

A. *Present Subjunctive Tense*

Rewrite the following sentences, using the present subjunctive tense of the verbs in parentheses.

1. Luisa no quiere que Ud. se (poner) _____ a pensar en su esposo.
2. No permito que ella (volver) _____ a ver a su novio.
3. Cuando su novio le (regalar) _____ flores no las (traer) _____ a la oficina.
4. Dudo que nosotros (hacer) _____ lo que Ud. dice.
5. ¿Por qué no tiene la bondad de decirle a su secretaria que lo (buscar) _____ entre los objetos perdidos?
6. ¡Ojalá (llover) _____ !
7. No voy a tener pulmonía ni nada que se le (parecer) _____ .
8. Más vale que Uds. se (despedir) _____ de él.
9. Te pido que me (hacer) _____ el favor de irte.
10. Quiere que nosotros le (decir) _____ lo que queremos.

B. *Formal **Ud.** and **Uds.** Commands*

Formal **Ud.** and **Uds.** commands have the same forms as the corresponding **Ud.** or **Uds.** forms of the present subjunctive.

hablar → **hable Ud.**
venir → **venga Ud.**
salir → **salgan Uds.**

Object pronouns are placed immediately *after* the *affirmative command* form and are attached to it. In *negative* commands, however, they are placed *before* the verb.

Ayúde**me** a encontrar mis objetos perdidos.
No **me** ayude.

Rewrite the following sentences, providing the **Ud.** command form of the verbs in parentheses.

1. (Llamar) _____ al número 822, por favor.
2. (Tratar) _____ de calmar sus nervios.
3. (Cerrar) _____ la ventana.
4. (Sacar) _____ las flores inmediatamente.
5. (Tomar) _____ asiento aquí.
6. (Saber) _____ que cuando quiero soy tan suave como un cordero.
7. (Venir) _____ mañana a hacer alguna compra.

Rewrite the following sentences, replacing all object nouns in italics with the corresponding pronouns. Then make each sentence negative.

EXAMPLES: Saque *las flores* de aquí.
Sáque*las* de aquí.

No *las* saque de aquí.

Dígame *la verdad*.
Díga*mela*.

No *me la* diga.

1. Descríbame *su recuerdo*.
2. Deme *los buenos días* a mí.
3. Ponga *las flores* en el canasto de papeles.
4. Cierre *la ventana*.
5. Tómese *una taza de té*.
6. Dígame *la verdad*.
7. Recobre *el paraguas* en la sección de objetos perdidos.
8. Compre *unos guantes de seda* y piérdalos.

Translate the following sentences.

1. Don't tell me that.
2. Don't open the window.
3. Sit down, please.
4. Help me find my umbrella.
5. Remember this in the future.

C. *Uses of* **por** *and* **para**

> **Para** is generally associated with destination, limitation, implied comparison, or purpose. **Por**, on the other hand, is used to indicate 1) motive; 2) «in exchange for»; 3) length of time; 4) «in favor of», «on behalf of», «instead of»; 5) «through», «along», «by», «around»; 6) measure; 7) object of an errand.

Circle the correct preposition. Explain your choice.

1. El siempre pregunta (por, para) mí.
2. Sé que esto es duro (por, para) Ud.
3. Espere un momento, voy (por, para) el jefe.
4. Le doy diez minutos (por, para) solucionar el asunto.
5. Le cambio su recuerdo (por, para) un paraguas.
6. Voy (por, para) la sección de objetos perdidos.
7. La viejecita viene recomendada (por, para) el primo del Ministro.
8. Lo hago (por, para) tener grato al Ministro.
9. Necesito unos guantes de lana (por, para) el invierno.
10. El es muy distraído (por, para) ser un buen profesor.

D. *The Future Tense*

> The future tense is used in Spanish to refer to an action that *will*, *shall*, or *is going to* take place. The future is not used to express willingness, as it is in English. In Spanish this is expressed with the verb **querer**.
>
> ¿**Quieres** abrir la ventana?   ***Would you like*** *to open the window?*
>
> To form the future tense, the endings **-é**, -ás, -á, **-emos**, **-án** are attached to the infinitive of regular verbs.
>
> | | |
> |---|---|
> | **llegaré** | *I will arrive* |
> | **comeré** | *I will eat* |
> | **dormiré** | *I will sleep* |

The following verbs have irregular stems in the future tense, but the endings remain the same.

		querr- ⟶	querer
cabr- ⟶	caber		
dir- ⟶	decir	sabr- ⟶	saber
habr- ⟶	haber		
har- ⟶	hacer	saldr- ⟶	salir
podr- ⟶	poder	tendr- ⟶	tener
		valdr- ⟶	valer
pondr- ⟶	poner	vendr- ⟶	venir

Complete the following sentences with the appropriate form of the future tense of the indicated verb.

1. Si lo perdió en esta tienda, su paraguas seguramente (estar) _____ aquí.
2. Nosotros (tratar) _____ de calmar nuestros nervios.
3. Uds. (volver) _____ más tarde.
4. Nosotros (salir) _____ enseguida.
5. Tú (ir) _____ con ella a la tienda.
6. (Haber) _____ mucha gente en la sección de objetos perdidos.
7. La viejecita no (querer) _____ irse sin su recuerdo.
8. Estoy segura que Uds. (saber) _____ contestar todas las preguntas.

In Spanish, the future tense is also used to express probability in the present.

I wonder where my secretary is?
¿Dónde estará mi secretaria?

Rewrite the following sentences, using the future to express probability.

1. ¿Qué hora es?
2. ¿Por qué sale de compras si no tiene dinero?
3. ¿Es una loca peligrosa?
4. ¿Dónde está mi paraguas?
5. La viejecita tiene unos setenta años.

E. *The Conditional Tense*

The conditional is used in Spanish to express: 1) an action in the future as viewed from a time in the past; 2) courtesy; 3) probability. It usually conveys the meaning of *would* in English.

The endings **-ía, -ías, -ía, -íamos, -ían** are attached to the infinitive of regular verbs to form the conditional. Verbs that have irregular stems in the future (see Section D) also have irregular stems in the conditional.

caber ⟶ **cabría**
saber ⟶ **sabría**

Complete the following sentences with the appropriate form of the conditional tense of the indicated verbs.

1. Yo (poder) _____ volver más tarde si lo que necesitan es tiempo para buscarlo.
2. Le he dicho que me (encantar) _____ ayudarla.
3. Yo (decir) _____ que no es posible.
4. Nadie (poder) _____ decirme las cosas que me dice mi imagen mientras me afeito.
5. Nosotros (venir) _____ más temprano, pero vivimos muy lejos.
6. Ellos me dijeron que Antonio (hacer) _____ todo lo posible por venir.
7. Tú dijiste que (ir) _____ a la sección de objetos perdidos a buscar mis guantes.

WRITING PRACTICE

Write a short but coherent essay of at least 100 words in Spanish on one of the topics suggested below. Your composition will be evaluated for grammatical correctness and vocabulary usage.

1. El papel del profesor distraído y el del sr. apurado. ¿Qué tienen en común? ¿En qué se diferencian?
2. La función de las flores, la ventana abierta, la música y el piar de los pájaros.

COMMUNICATIVE ACTIVITY

Prepare one of the two groups of questions listed below to be discussed in class with two of your classmates. At the end of your discussion, summarize your observations for the other members of the class.

1. ¿Cómo deben ser las relaciones entre un jefe y su empleado(-a)? ¿Qué importancia tiene la cortesía en las relaciones humanas? ¿Es importante el ambiente en que se trabaja? ¿Qué efectos buenos o malos puede tener trabajar con música indirecta? ¿Es posible trabajar y divertirse al mismo tiempo?
2. ¿Es lo mismo trabajar para un hombre que para una mujer? ¿Para quién prefiere trabajar? ¿Ha trabajado para una persona del sexo opuesto? Describa su experiencia.

II

READING COMPREHENSION

Answer the following questions in Spanish.

1. ¿Qué hace Luisa mientras habla con su madre?
2. ¿Qué quiere la madre que haga Luisa?
3. ¿Por qué saca Luisa las flores del canasto? ¿Dónde las pone?
4. ¿Por qué dice Luisa que se ha vuelto cuerda?
5. ¿Por qué el Sr. Smith manda a llamar a Amanda?
6. ¿Cuál es el primer recuerdo que selecciona el Sr. Smith?
7. ¿Cómo es el Sr. Smith que describen las voces de su recuerdo?
8. ¿Por qué se convierte su recuerdo en una pesadilla?
9. ¿Qué hizo el Sr. Smith cuando vio la mariposa en el agua?
10. ¿Qué piensa la viejecita del recuerdo del Sr. Smith?
11. ¿Por qué sabemos que el Sr. Smith ha cambiado de manera de ser?
12. ¿Qué cree ver Luisa cuando se inclina sobre la ventana? ¿Qué significa esta visión?

VOCABULARY STUDY

A. *Vocabulary Usage*

Match the words in Column A with the definitions in Column B.

A	B
1. ___ mentiroso	a. parte anterior de la cabeza.
2. ___ voz	b. cilindro en que se enrolla el hilo.
3. ___ rostro	c. sonido que sale de la boca del hombre.

4. ____ carrete
5. ____ galardón
6. ____ montón

d. gran número de cosas puestas sin orden unas sobre las otras
e. persona que no dice la verdad
f. premio

Give the Spanish equivalent of the word(s) in parentheses.

1. No sé (*when that day will come*) ____ .
2. (*You must mean*) ____ que no quiere cooperar conmigo.
3. Después de muchos años se me iba a (*to do justice*) ____ .
4. La viejecita (*had taken up a lot of his time*) ____ .
5. ¿Y a qué viene esa (*long face*) ____ ?

B. *Cognate and Word Formation Exercise*

Not all Spanish and English words that appear to be of similar origin are true cognates. These misleading words are called *false cognates* because their meanings are very different. Context will help you recognize a false cognate.

lectura (*reading*)   *lecture* (**conferencia**)
parientes (*relatives*)   *parents* (**padres**)

Find the cognate of the following English words in *Una mariposa blanca*. Are there any false cognates?

1. complication
2. moment
3. to molest
4. conspiracy
5. preference
6. simple
7. temptation
8. labor
9. crystal
10. to cooperate

STRUCTURES

A. *The Present Subjunctive Tense*

Rewrite the following sentences, using the present subjunctive tense of the verbs in parentheses.

1. ¿Qué quieres que ellos (hacer) ____ por Uds.?
2. No necesito que nadie me lo (decir) ____ .
3. Me quedaré aquí hasta que Uds. me lo (ordenar) ____ .
4. El Ministro me pide que la (ayudar) ____ .

5. Le ordeno que (tener) _____ un recuerdo bueno y que le (dar) _____ uno a esa señora.

6. Le prometo avisarle cuando el primer recuerdo (aparecer) _____ .

B. *Formal* **Ud.** *and* **Uds.** *Commands.*

Give the Spanish equivalent of the following English commands. Use the singular and plural forms of the formal commands.

1. Allow her to leave.
2. Believe me.
3. Leave it open.
4. Go (use **irse**).
5. Wait a minute.
6. Come back another day.
7. Come here immediately.
8. Don't tell it to me.
9. Close that window.
10. Don't go out at night.
11. Pardon me.

C. *The Future Tense*

Complete the following sentences, using the future tense of the verbs in parentheses.

1. Prométeme que siempre te (cuidar) _____ .
2. En unos años más no (necesitar) _____ cuidarme.
3. ¿Cuándo (ser) _____ ese día?
4. Piénselo un segundo y (ver) _____ que ella tiene razón.
5. Uds. (querer) _____ decir que el secretario del Ministro fue el que llamó.
6. Si esto sucede, ellos les (aumentar) _____ el sueldo a Uds.
7. Creo que no (ir) _____ contigo al río.
8. ¿(Salir) _____ nosotros con ellas?

D. *The Conditional Tense*

Complete the following sentences, using the conditional tense of the verbs in parentheses.

1. Me (encantar) _____ ver la casa llena de jóvenes.
2. Te he repetido hasta el cansancio que tu jefe (ser) _____ el esposo ideal.

3. Un solo recuerdo me (bastar) _____ .
4. ¿Le (interesar) _____ esto?
5. Yo creo que Ud. (deber) _____ usar colores claros.
6. ¿(Venir / tú) _____ a visitarme?
7. El me dijo que al decorar la oficina (poner) _____ más énfasis en los colores claros.
8. Yo (querer) _____ tener a mi madre contenta.
9. Yo creo que Ud. (deber) _____ volver al trabajo.

E. **Por** *and* **Para**

Circle the correct preposition. Explain your choice.

1. No estoy (por, para) nadie.
2. (Por, para) supuesto.
3. Vaya (por, para) Amanda.
4. ¿Cuánto quiere (por, para) su recuerdo?
5. Le prometo avisarle cuando él venga (por, para) aquí.
6. Luisa va (por, para) su oficina.

WRITING PRACTICE

Write a short but coherent essay of at least 100 words in Spanish on one of the topics suggested below. Your composition will be evaluated for grammatical correctness and vocabulary usage.

1. ¿En qué escenas de *Una mariposa blanca* hay más humor? ¿Son necesarias? ¿Por qué?
2. ¿Qué papel tiene la viejecita en *Una mariposa blanca*? ¿Qué importancia tienen los otros personajes en el desarrollo de la acción?

COMMUNICATIVE ACTIVITY

Your teacher will ask you to prepare a brief talk for class about one of the following topics. You may wish to include pertinent information from magazines, newspapers or books.

1. **Los recuerdos más importantes de su vida.** ¿Cuántos años tenía? ¿Dónde vivía? ¿Qué pasaba en el mundo durante esos años? ¿Por qué cree que se acuerda de esos momentos específicos y no de otras cosas que ocurrieron en esos tiempos?

2. **La separación entre las distintas generaciones.** ¿Discute con sus padres sus problemas personales? ¿Por qué? ¿Prefiere conversar con una persona de su misma edad o con otra mayor? ¿Por qué? ¿Es posible tener un buen amigo mucho mayor que uno?

3. **Las responsabilidades de los padres.** ¿Terminan alguna vez? ¿Por qué? ¿Cómo son los padres ideales? Describa sus características más importantes. ¿Conoce a personas así? ¿Cuáles de las características mencionadas tienen sus padres? ¿Cuáles cambiaría Ud.?

4. **El sentido del humor.** ¿Es necesario en las relaciones humanas? ¿Tiene un buen sentido del humor? ¿Por qué piensa así? ¿Puede dar algunos ejemplos que justifiquen su opinión? ¿Qué libros, programas de televisión, dramas o películas le han interesado precisamente por el humor?

REVIEW EXERCISE

After reviewing the vocabulary and grammar covered up to this point in Part III, give the English equivalent of the following Spanish sentences.

1. Adiviné que se besaban apasionadamente bajo los árboles.
2. No tuve miedo cuando sentí el disparo y el grito desgarrador de la víctima.
3. Me molesta que pienses así sobre los personajes del drama.
4. Mi memoria anda cada día peor.
5. A veces los libros que pierde son buenos, y me entretengo.
6. ¿Qué se le ofrece?
7. Está muy desanimado, ¿verdad?
8. ¿Cómo se atreve a decirme eso?
9. No sabe lo que hago mientras me afeito.
10. Se lo digo con tal de que terminemos ahora mismo.
11. No quiero darme por vencido antes de intentarlo.
12. Tengo que apresurarme si quiero descubrir la verdad.
13. Tiene recuerdos a montones.
14. Se volvió loco cuando le encontró razón al problema.
15. Cierre la ventana y cállese.
16. Recuérdelo bien: tiene que aumentarme el sueldo.
17. ¡Caramba! Déje de sonarse la nariz.
18. Era capitán de bomberos y presidente de la Liga contra los Eclipses de Sol.

19. Tráigame un ramo de flores, unos guantes, un canasto y unos calcetines.
20. Tenga la bondad de decirle a su secretaria que lo busque entre los objetos perdidos.
21. Le doy cinco minutos para que encuentre el paraguas perdido.
22. Habrá mucha gente allí, ¿verdad?
23. ¿Qué hora sería cuando salió de compras?
24. Me dijeron que la secretaria haría todo lo posible por venir temprano.

PART
IV

Successful reading of the stories we have selected for *Part 4* will
indicate that you have mastered the grammatical structures with
which you worked in the first three units. You will be reading
four stories, arranged in order of difficulty, which we have mostly
kept in their original form. To reduce the need to look up unfamiliar words, we have made every attempt to gloss new
vocabulary items and to translate difficult passages and little-
known yet useful expressions. It will help, therefore, to study
the vocabulary before reading the selections.

Alvaro Menen Desleal was born in El Salvador in 1931. Most
of his well-known works are based on an original interpretation
of what our life will be like in the remote future. In general, his
science fiction stories deal with the world of the absurd and the
unpredictable environments created by technological progress.
Primer encuentro effectively depicts the first encounter between
two alien worlds.

Jorge Luis Borges (Argentina: 1899–1986) was no doubt one
of the most celebrated and admired authors of the Spanish-speaking world. The story chosen for this unit is one example of Borges'
masterful interpretation of reality. The first Spanish version of
El brujo postergado was written in the fourteenth century by don
Juan Manuel, who translated it from the Arabic. Borges' intellectual recreation of this story, taken from *Libro de Patronio*,
convincingly captures the perils of our sometimes uncontrollable
ambitions.

W. I. Eisen (1919) is the pseudonym of Isaac Aisemberg. He
is not as well known as his compatriot Borges. His *Jaque mate
en dos jugadas* is, however, a well-written ironic piece about a

murderer who falls victim to his own despair and vindictive behavior. The reader feels the suspense and anguish of a criminal who hopes to escape punishment.

Carmen Laforet (1921) wrote the last and most difficult selection chosen for this unit. This Spanish-born writer is well known in her native country and abroad for her excellent and very moving stories. *Rosamunda* is about a middle-aged woman who has chosen to abandon her unglamourous life in order to live in her own fictional world. This story is a good example of how fantasy, through controlled exaggeration, may lead to the unveiling of despair in a human being whose life is totally unfulfilled.

STUDY GUIDE

The following suggestions will help you in your reading of the selections:

1. Glance over the footnotes and vocabulary exercises before reading each story. Also glance over the entire story to determine the most essential information.
2. Review the use of the imperfect and pluperfect tenses of the subjunctive before reading *Primer encuentro*, *El brujo postergado* and *Jaque mate en dos jugadas*. Before reading *Rosamunda* review if-clauses and the use of the impersonal «**se**» construction.
3. Remember to review the points of grammar covered in each section before doing the Writing Practice. The objective of this composition exercise is to practice the vocabulary and grammatical structures you have learned.
4. Prepare for the Communicative Activity at the end of each section by writing down your thoughts on the topic you have chosen for discussion, and practice them aloud several times in order to improve your oral skills.

Primer encuentro[1]

ALVARO MENEN DESLEAL

No hubo explosión alguna. Se encendieron,[2] simplemente, los retrocohetes,[3] y la nave[4] se acercó a la superficie del planeta. Se apagaron[5] los retrocohetes y la nave, entre polvo y gases, con suavidad[6] poderosa, se posó.[7]

5   Fue todo.

    Se sabía que vendrían. Nadie había dicho cuándo; pero la visita de habitantes de otros mundos era inminente. Así, pues, no fue para él una sorpresa total. Es más: había sido entrenado,[8] como todos, para recibirlos. "Debemos estar preparados—le
10 instruyeron[9] en el Comité Cívico—; un día de estos (mañana, hoy mismo...), pueden descender de sus naves. De lo que ocurra[10] en los primeros minutos del encuentro dependerá la dirección de las futuras relaciones interespaciales... Y quizás nuestra supervivencia.[11] Por eso, cada uno de nosotros debe ser un em-
15 bajador dotado del[12] más fino tacto, de la más cortés[13] de las diplomacias".

    Por eso caminó sin titubear[14] el medio kilómetro necesario para llegar hasta la nave. El polvo que los retrocohetes habían levantado[15] le molestó un tanto;[16] pero se acercó sin temor[17]
20 alguno, y sin temor alguno se dispuso a[18] esperar la salida de los lejanos visitantes, preocupado[19] únicamente por hacer de aquel primer encuentro un trance grato[20] para dos planetas, un paso[21] agradable y placentero.

    Al pie de[22] la nave pasó un rato de espera, la vista[23] fija en
25 el metal dorado que el sol hacía destellar[24] con reflejos[25] que le herían[26] los ojos; pero ni por eso parpadeó.[27]

---

[1] **encuentro** encounter   [2] **encender** to turn on   [3] **retrocohete** retro rocket
[4] **nave** spaceship   [5] **apagar** to turn off   [6] **suavidad** gentleness, smoothness
[7] **posarse** to land   [8] **entrenado(-a)** trained   [9] **instruir** to inform, to instruct
[10] **de...ocurra** on whatever takes place   [11] **Y...supervivencia** and maybe our survival   [12] **dotado(-a) de** endowed with   [13] **cortés** courteous, polite   [14] **sin titubear** without hesitating   [15] **levantar** to raise   [16] **le...un tanto** bothered him somewhat   [17] **temor** fear   [18] **disponerse a** to prepare to   [19] **preocupado(-a)** worried   [20] **trance grato** a pleasing moment   [21] **paso** step, transition   [22] **al pie de** at the foot of   [23] **vista** gaze, sight   [24] **destellar** to sparkle   [25] **reflejo** gleam, reflection   [26] **herir** to hurt   [27] **parpadear** to blink

Luego se abrió la escotilla,[28] por la que se proyectó sin tardanza una estilizada escala de acceso.[29]

No se movió de su sitio, pues temía que cualquier movimiento suyo, por inocente que fuera, lo interpretaran los visitantes como un gesto hostil.[30] Hasta se alegró de no llevar sus armas[31] consigo.[32]

Lentamente, oteando,[33] comenzó a insinuarse, al fondo de la escotilla, una figura.

Cuando la figura se acercó a la escala para bajar, la luz del sol le pegó de lleno.[34] Se hizo entonces evidente su horrorosa,[35] su espantosa[36] forma.

Por eso, él no pudo reprimir[37] un grito de terror.

Con todo,[38] hizo un esfuerzo[39] supremo y esperó, fijo en su sitio, el corazón al galope.[40]

La figura bajó hasta el pie de la nave, y se detuvo frente a él, a unos pasos de distancia.

Pero él corrió entonces. Corrió, corrió y corrió. Corrió hasta avisar[41] a todos, para que prepararan sus armas: no iban a dar la bienvenida[42] a un ser con *dos* piernas, *dos* brazos, *dos* ojos, *una* cabeza, *una* boca...

EXERCISES

READING COMPREHENSION

Select the word or phrase that best completes each statement according to *Primer encuentro*.

1. La nave espacial...a la superficie del planeta.
   a) se encontró
   b) se alejó
   c) se acercó

---

[28] **escotilla** hatch way, door   [29] **estilizada...acceso** stream-lined access stairway   [30] **un gesto hostil** a hostile gesture   [31] **arma** weapon   [32] **consigo** with him   [33] **otear** to scan   [34] **la luz...lleno** the sunlight struck it fully   [35] **horroroso(-a)** horrible, frightful   [36] **espantoso(-a)** terrifying   [37] **reprimir** to suppress   [38] **con todo** nevertheless   [39] **esfuerzo** effort   [40] **el corazón al galope** with his heart pounding   [41] **avisar** to warn   [42] **dar la bienvenida a** to welcome

2. La visita de habitantes de otros mundos era...
   a) inminente.
   b) necesaria.
   c) diplomática.

3. El Comité Cívico pensaba que todos los habitantes debían estar...para el encuentro.
   a) placenteros
   b) preparados
   c) preocupados

4. De los primeros minutos del encuentro dependerían...
   a) los futuros experimentos.
   b) las futuras relaciones interespaciales.
   c) el futuro del Comité.

5. Los retrocohetes habían levantado mucho...
   a) polvo.
   b) gas.
   c) tacto.

6. Él no se movió porque...
   a) se sentía muy contento con el encuentro.
   b) no quería que los visitantes tuvieran miedo.
   c) tenía sus armas consigo.

7. La figura que salió de la nave era...
   a) agradable y placentera.
   b) cortés y diplomática.
   c) horrorosa y espantosa.

8. El primer encuentro entre los dos seres de planetas diferentes va a ser...
   a) grato.
   b) violento.
   c) diplomático.

9. El narrador de la historia es...
   a) un ser terrestre.
   b) un ser humano.
   c) un ser de otro planeta.

Answer the following questions in Spanish.

1. ¿Cómo sabía el narrador que iban a venir habitantes de otros planetas?
2. ¿Por qué era importante el primer encuentro?
3. ¿Tenía el narrador miedo a ese primer encuentro?
4. ¿Cómo era el visitante que descendió de la nave?
5. ¿Por qué corrió asustado el narrador?

VOCABULARY STUDY

A. *Vocabulary Usage*

Match the word in Column A with the definitions in Column B.

A	**B**
1. ____ encuentro	a. el que vive en un sitio.
2. ____ retrocohete	b. acción y efecto de sobrevivir.
3. ____ mundo	c. parte que sirve para parar una nave.
4. ____ habitante	d. órgano principal de la circulación
5. ____ supervivencia	de la sangre.
6. ____ entrenar	e. agrupación de planetas y de todo
7. ____ corazón	cuanto existe.
8. ____ bienvenida	f. recibimiento cortés y alegre a un
	visitante.
	g. acto de reunirse dos o más
	personas.
	h. preparar para un trabajo.

Select the word that does not belong to each group.

1. escotilla, nave, embajador, retrocohete, escala
2. ojos, cabeza, boca, piernas, armas
3. gases, comité, explosión, apagar, cohete
4. ojo, parpadeo, destellar, reflejo, preocupación
5. fino, grato, agradable, espantoso, placentero

Explain in Spanish the meaning of the following words and expressions.

1. posarse
2. dotado
3. corazón al galope
4. fijar la vista en
5. dar la bienvenida a

B. *Cognate and Word Formation Exercise*

Words ending in **-sión** in Spanish are feminine and usually correspond to words ending in **-sion** or **-ssion** in English.

mansión	*mansion*
pasión	*passion*

Words ending in **-ico** in Spanish usually correspond to words ending in *-ic* or *-ical* in English.

básico	*basic*
lógico	*logical*

Give the Spanish cognates of the words in parentheses.

1. La (*explosion*) _____ fue muy fuerte.
2. Ese comité no es (*civic*) _____ .
3. No eran seres de este (*planet*) _____ .
4. La nave se posó entre polvo y (*gases*) _____ .
5. Todos esperaban su (*visit*) _____ .
6. Era simplemente (*imminent*) _____ .
7. En (*total*) _____ sólo había dos naves.
8. Prefiero las escalas de (*metal*) _____ .
9. En dos (*minutes*) apaga los retrocohetes _____ .
10. El (*terror*) _____ que sentí afectó las relaciones entre los dos.

STRUCTURES

A. *Prepositions*

Rewrite the following sentences, using the following prepositions: **en, de, por, con, para, a, entre, hasta.**

1. La nave se acercó _____ la superficie de la tierra.
2. Con suavidad poderosa, la nave se posó _____ el suelo _____ polvo y gases.
3. La visita _____ habitantes _____ otros planetas era inminente.
4. La noticia no fue una sorpresa _____ él.
5. Ellos pueden descender _____ sus naves _____ cualquier momento.
6. Caminó el medio kilómetro que necesitaba _____ llegar _____ la nave.

7. Quería hacer _____ aquel encuentro un trance grato _____ los dos planetas.
8. _____ la escotilla se proyectó una escala _____ acceso.
9. El narrador corrió _____ avisar a todos de la llegada del raro visitante.
10. No querían dar la bienvenida _____ un ser _____ sólo dos brazos, dos piernas, dos ojos.
11. _____ eso, no pudo reprimir un grito _____ terror.

B. The Imperfect Subjunctive Tense

To form the imperfect subjunctive drop the **-ron** ending of the third person plural of the preterit indicative, and add the following endings: **-ra, -ras, -ra, ´-ramos, -ran** or **-se, -ses, -se, ´-semos, -sen**. There are two different sets of endings for the imperfect subjunctive, but the **-ra** set is more common in Spanish America. Note the written accent mark on all the **nosotros** forms, e.g., **habláramos**.

hablaron   ⟶ habla **+ ra** ⟶ **hablara**
comieron ⟶ comie **+ ra** ⟶ **comiera**
vivieron   ⟶ vivie **+ ra** ⟶ **viviera**

Rewrite the following sentences, using the imperfect subjunctive tense of the verbs in parentheses.

1. Sería mejor que Ud. (tener) _____ más cuidado con sus libros.
2. La viejecita esperaba que yo (saber) _____ la verdad.
3. Ni aunque tú lo (pensar) _____ un año entero podrías darme la respuesta que busco.
4. Temía que cualquier movimiento por inocente que (ser) _____ lo interpretaran los visitantes como un gesto hostil.
5. Llamamos a todos los habitantes para que ellos (preparar) _____ sus armas.
6. Ellos querían que nosotros (hacer) _____ más viajes espaciales.
7. Uno de nosotros actúa como si (ser) _____ el más cortés de los diplomáticos.
8. El habitante espacial apagó los retrocohetes para que su nave (poder) _____ descender con suavidad.

C. *The Pluperfect Tense*

Rewrite the following sentences, with the pluperfect tense of the verbs in parentheses.

1. Nadie (decir) _____ cuándo era que venían los visitantes de otros mundos.
2. Él (ser) _____ entrenado para recibirlos.
3. Los retrocohetes (levantar) _____ mucho polvo.
4. Ellos se (preocupar) _____ mucho preparándose para ese primer encuentro.
5. El visitante no (hacer) _____ ningún movimiento hostil.

WRITING PRACTICE

Use your wildest imagination to write a one-hundred-word essay about one of the topics listed below. Your composition will be evaluated for grammatical correctness and vocabulary usage.

1. *El mundo del narrador del cuento.* ¿Cómo es? Incluya todos los detalles que pueda imaginar. ¿Cómo son los habitantes? ¿Tienen ojos, boca, brazos, piernas? ¿Cómo se comunican? ¿Qué temperamento tienen? ¿Qué tipo de civilización tienen? ¿Saben mucho sobre programas espaciales?
2. *El fin del cuento.* ¿Por qué es inesperado? ¿Cómo nos prepara el narrador para que lo aceptemos? ¿Cree Ud. que nos enseña algo sobre la naturaleza humana? ¿Qué nos enseña? ¿Qué va a suceder entre los dos mundos?

COMMUNICATIVE ACTIVITY

Share with one or two of your classmates your ideas about one of the following topics.

1. **Los viajes espaciales.** ¿Cree Ud. que los laboratorios espaciales del futuro deben ser operados por robots o por astronautas? ¿Por qué? ¿Bajo qué condiciones se deben hacer los lanzamientos de naves espaciales? ¿Qué peligros existen en este tipo de programa? ¿Qué sabe Ud. del programa espacial de su país? ¿Cree que deben participar personas que no sean astronautas? ¿Por qué?
2. **Seres de otros mundos.** ¿Cree Ud. que con el progreso de los programas espaciales tendremos la oportunidad de comunicarnos con seres de otros planetas? ¿Cómo cree Ud. que serán?

¿Ha visto filmes o leído libros sobre encuentros con seres ex-
traterrestres? ¿Le gustaron? ¿Por qué? ¿Qué personaje le pareció
más interesante?

3. **Temor a lo desconocido.** ¿Fue normal la reacción del narrador
   del cuento? ¿Cómo reaccionaría Ud. ante una situación similar?
   ¿Teme lo que no conoce? ¿Lo diferente?

El brujo postergado[1]

JORGE LUIS BORGES

En Santiago[2] había un deán[3] que tenía codicia de aprender[4] el arte de la magia.[5] Oyó decir que don Illán de Toledo[6] la sabía más que ninguno, y fue a Toledo a buscarlo.

El día que llegó fue a la casa de don Illán y lo encontró leyendo en una habitación apartada.[7] Este lo recibió con bondad[8] y le dijo que postergara el motivo de su visita hasta después de comer. Le señaló un alojamiento muy fresco[9] y le dijo que lo alegraba mucho su visita.[10] Después de comer, el deán le refirió[11] la razón de aquella visita y le rogó[12] que le enseñara la ciencia mágica. Don Illán le dijo que adivinaba[13] que era deán, hombre de buena posición y buen porvenir,[14] y que temía ser olvidado luego por él. El deán le prometió y aseguró[15] que nunca olvidaría aquella merced,[16] y que estaría siempre a sus órdenes. Ya arreglado el asunto, explicó don Illán que las artes mágicas no se podían aprender sino en sitio apartado, y tomándolo por la mano, lo llevó a una pieza contigua,[17] en cuyo piso[18] había una gran argolla de hierro.[19] Antes le dijo a la sirvienta que tuviera perdices para la cena, pero que no las pusiera a asar[20] hasta que la mandaran. Levantaron la argolla entre los dos y descendieron por una escalera de piedra bien labrada,[21] hasta que al deán le pareció que habían bajado tanto que el lecho[22] del Tajo estaba

---

[1] **postergar** to postpone; **el brujo postergado** the sorcerer who was put off   [2] **Santiago** city in N. W. Spain   [3] **deán** dean, presiding official of a cathedral   [4] **codicia** covetousness; **tenía...aprender** he had an ardent desire to learn   [5] **magia** magic   [6] **Toledo** city in central Spain, on the Tagus river   [7] **una...apartada** an isolated room   [8] **bondad** kindness   [9] **le...fresco** he showed him a very cool room   [10] **le...visita** he told him that he was very happy with his visit   [11] **referir** to relate, report   [12] **rogar** to implore, to beg   [13] **adivinar** to guess   [14] **porvenir** future   [15] **asegurar** to reassure   [16] **merced** favor   [17] **pieza contigua** adjoining room   [18] **piso** floor   [19] **argolla de hierro** iron ring   [20] **asar** to roast   [21] **labrado(-a)** carved   [22] **lecho** bed (*of the river*)

sobre ellos. Al pie de[23] la escalera había una celda[24] y luego una
biblioteca y luego una especie de gabinete[25] con instrumentos
mágicos. Revisaron[26] los libros y en eso estaban cuando entraron
dos hombres con una carta para el deán, escrita por el obispo,[27]
su tío, en la que le hacía saber que estaba muy enfermo y que,   5
si quería encontrarlo vivo, no demorara. Al deán lo contrariaron[28]
mucho estas nuevas,[29] lo uno[30] por la dolencia[31] de su tío, lo
otro[32] por tener que interrumpir los estudios. Optó[33] por escribir
una disculpa[34] y la mandó al obispo. A los tres días llegaron
unos hombres de luto[35] con otras cartas para el deán, en las que   10
se leía que el obispo había fallecido,[36] que estaban eligiendo
sucesor, y que esperaban por la gracia de Dios que lo elegirían
a él. Decían también que no se molestara en venir, puesto que
parecía mucho mejor que lo eligieran en su ausencia.

A los diez días vinieron dos escuderos[37] muy bien vestidos,   15
que se arrojaron a sus pies[38] y besaron sus manos, y lo saludaron
obispo.[39] Cuando don Illán vio estas cosas, se dirigió con mucha
alegría al nuevo prelado[40] y le dijo que agradecía al Señor que
tan buenas nuevas llegaran a su casa. Luego le pidió el
decanazgo[41] vacante para uno de sus hijos. El obispo le hizo   20
saber que había reservado el decanazgo para su propio hermano,
pero que había determinado favorecerlo y que partieran juntos
para Santiago.

Fueron para Santiago los tres, donde los recibieron con honores. A los seis meses recibió el obispo mandaderos[42] del Papa[43]   25
que le ofrecía el arzobispado de Tolosa,[44] dejando en sus manos
el nombramiento[45] de sucesor. Cuando don Illán supo esto, le
recordó la antigua promesa y le pidió ese título para su hijo. El

---

[23] **al pie de** at the foot of   [24] **celda** cell   [25] **gabinete** study; laboratory,
room   [26] **revisar** to go through   [27] **obispo** bishop   [28] **contrariar** to annoy, to
upset   [29] **nueva** news, tidings   [30] **lo uno** on the one hand   [31] **dolencia**
ailment   [32] **lo otro** on the other hand   [33] **optar** to opt, to choose
[34] **disculpa** apology   [35] **de luto** in mourning   [36] **fallecer** to die   [37] **escudero**
squire   [38] **arrojarse a los pies** to throw oneself at someone's feet   [39] **y...obispo**
and greeted him as a bishop   [40] **prelado** prelate   [41] **decanazgo** deanship
[42] **mandadero** messenger   [43] **Papa** pope   [44] **el arzobispado de Tolosa** the
Archbishopric of Tolosa (*Spain*)   [45] **nombramiento** naming, appointment

arzobispo le hizo saber que había reservado el obispado para su
propio tío, hermano de su padre, pero que había determinado
favorecerlo y que partieran juntos para Tolosa. Don Illán no tuvo
más remedio[46] que asentir.[47]

5   Fueron para Tolosa los tres, donde los recibieron con honores y misas.[48] A los dos años, recibió el arzobispo mandaderos
del Papa que le ofrecía el capelo[49] de Cardenal, dejando en sus
manos el nombramiento de sucesor. Cuando don Illán supo esto,
le recordó la antigua promesa y le pidió ese título para su hijo.
10 El Cardenal le hizo saber que había reservado el arzobispado
para su propio tío, hermano de su madre, pero que había determinado favorecerlo y que partieran juntos para Roma. Don Illán
no tuvo más remedio que asentir. Fueron para Roma los tres,
donde los recibieron con honores y misas y procesiones. A los
15 cuatro años murió el Papa y nuestro Cardenal fue elegido para
el papado[50] por todos los demás.[51] Cuando don Illán supo esto,
besó los pies de Su Santidad, le recordó la antigua promesa y le
pidió el cardenalato[52] para su hijo. El Papa lo amenazó con la
cárcel,[53] diciéndole que bien sabía él que no era más que un
20 brujo y que en Toledo había sido profesor de artes mágicas. El
miserable don Illán dijo que iba a volver a España y le pidió algo
para comer durante el camino. El Papa no accedió.[54] Entonces
don Illán (cuyo rostro se había remozado[55] de un modo extraño),
dijo con una voz sin temblor:

25   —Pues tendré que comerme las perdices que para esta noche
encargué.[56]

La sirvienta se presentó y don Illán le dijo que las asara. A
estas palabras, el Papa se halló[57] en la celda subterránea en Toledo, solamente deán de Santiago, y tan avergonzado[58] de su
30 ingratitud que no atinaba a[59] disculparse.[60] Don Illán dijo que

---

[46] **no tener más remedio que** to have no other choice but   [47] **asentir** to as-
sent, to agree   [48] **misa** mass   [49] **capelo** cardinal's hat   [50] **papado** papacy
[51] **por...demás** by all the rest (*of the cardinals*)   [52] **cardenalato** cardinalship
[53] **lo...cárcel** he threatened him with jail   [54] **acceder** to accede, to agree
[55] **remozar** to rejuvenate; **cuyo...remozado** whose face had become younger
[56] **encargar** to order   [57] **el...halló** the pope found himself   [58] **avergonzado(-a)**
ashamed   [59] **atinar a** to succeed in   [60] **disculparse** to apologize; **no atinaba a
disculparse** he was incapable of apologizing

bastaba[61] con esa prueba,[62] le negó su parte de[63] las perdices y lo acompañó hasta la calle, donde le deseó feliz viaje y lo despidió[64] con gran cortesía.

EXERCISES

READING COMPREHENSION

Answer the following questions.

1. ¿Qué quería el deán de Santiago?
2. ¿Qué hizo cuando llegó a Toledo?
3. ¿Qué temía don Illán?
4. ¿Qué le prometió el deán?
5. ¿Qué le dijo don Illán a la cocinera?
6. ¿A dónde fueron don Illán y el deán? Describa el lugar.
7. ¿Qué noticias traen los dos hombres?
8. ¿Por qué está contrariado el deán?
9. ¿Qué decía la carta que trajeron los dos hombres de luto?
10. ¿Qué le pide don Illán al deán?
11. ¿Para qué van a Tolosa?
12. ¿Para qué van a Roma?
13. ¿A qué perdices se refiere don Illán? ¿Qué indica la referencia a las perdices?
14. ¿Dónde se encontraban los hombres?
15. ¿Por qué despide don Illán al deán?
16. Explique el título del cuento.

VOCABULARY STUDY

A. *Vocabulary Usage*

Select the word that does not belong to each group.

1. deán, Papa, obispo, brujo, cardenal.
2. biblioteca, pieza, habitación, argolla, gabinete.
3. mandadero, escudero, cocinero, sirviente, prelado.

---

[61] **bastar** to be sufficient   [62] **prueba** test, trial   [63] **le negó su parte de** he refused to give him his share of   [64] **despedir** to see out

4. hermano, padre, capelo, tío, hijo.
5. comer, asar, perdices, cocinar, misa.
6. adivinar, porvenir, magia, labrado, brujo.

Write sentences of your own using the following words and expressions.

1. lo uno...lo otro
2. al pie de
3. no tener más remedio que
4. arrojarse a los pies de
5. atinar a
6. tener deseos de
7. postergar
8. referir la razón
9. sitio apartado
10. tomar por la mano
11. descender por
12. dejar en las manos

B. *Cognate and Word Formation Exercise*

The Spanish suffix **-dad** is used frequently to form a feminine noun derived from an adjective.

igual $\longrightarrow$ igual**dad**
íntimo $\longrightarrow$ intimi**dad**

Give the adjectives from which the following nouns were formed.

1. continuidad
2. enfermedad
3. contrariedad
4. felicidad
5. capacidad
6. soledad
7. maldad
8. actividad
9. prosperidad
10. sinceridad
11. oportunidad
12. facilidad
13. santidad

Give the Spanish cognates of the words in parentheses.

1. El deán era un hombre (*miserable*) _____ .
2. El (*professor*) _____ de magia estaba en el gabinete.
3. No cumplió con su (*promise*) _____ .
4. Su (*capacity*) _____ era infinita.
5. El cuento demuestra la (*ingratitude*) _____ de algunos seres humanos.
6. Después de la misa vino la (*procession*) _____ .
7. ¿Quién fue su (*successor*) _____ ?

STRUCTURES

A. Prepositions

Rewrite the following sentences, supplying the correct preposition.

1. En Santiago había un deán que tenía codicia (en/de) _____ aprender las artes mágicas.
2. Él le dijo que postergara el motivo de su visita (en/hasta) _____ después de comer.
3. El deán quería perdices (por/para) _____ la cena.
4. Le dijeron que no se molestara (para/en) _____ venir.
5. Luego le pidió el decanazgo vacante (por/para) _____ uno de sus hijos.
6. Le hizo saber que había reservado el obispado (por/para) _____ uno de sus hijos.
7. Los tres se fueron (a/con) _____ Tolosa.
8. Ellos los recibieron (con/de) _____ honores.
9. Él le dijo con una voz (de/sin) _____ temblor que tendría que comerse él solo las perdices.
10. El deán le negó su parte (en/de) _____ las perdices.

B. The Imperfect Subjunctive Tense

Rewrite the following sentences, using the imperfect subjunctive tense of the verbs in parentheses.

1. Don Illán le dijo al deán que (postergar) _____ el motivo de su visita.
2. El deán le rogó que le (enseñar) _____ su magia.
3. Don Illán le dijo a la sirvienta que (tener) _____ perdices para la cena.
4. Él le dijo a ella que no las (poner) _____ a asar hasta que él la (mandar) _____ .
5. El tío le escribió al deán que si quería encontrarlo vivo que no se (demorar) _____ en ir a verlo.
6. Los mandaderos le dijeron que no se (molestar) _____ en ir.
7. Ellos creían que era mucho mejor que lo (elegir) _____ en ausencia.
8. Él siempre agradecía que tan buenas nuevas (llegar) _____ a su casa.
9. El deán le pidió que (partir) _____ juntos para Santiago.
10. Don Illán le dijo a la sirviera que (asar) _____ las perdices.

WRITING PRACTICE

Create a brief dialogue 125 words in length in which you assume one of the roles described below. Your composition will be evaluated for grammatical correctness and vocabulary usage.

1. Asuma el papel de don Illán y explíquele cuidadosamente al deán por qué no puede enseñarle el arte de la magia.
2. Asuma el papel del deán y convenza de la mejor manera posible a don Illán de que debe darle otra oportunidad para aprender el arte de la magia.

COMMUNICATIVE ACTIVITY

Prepare the questions below to be discussed in class with one of your classmates.

1. **El agradecimiento.** ¿Es el agradecimiento parte de la naturaleza humana o es un producto cultural? ¿Qué otras culturas dan más muestras de agradecimiento que la suya? Dé ejemplos específicos. Hay personas que piensan que los perros son más agradecidos que muchos seres humanos. ¿Qué piensa Ud. de eso? ¿Qué historias famosas sobre el agradecimiento de animales recuerda Ud.? ¿Es popular este tipo de historia? ¿Por qué?
2. **El agradecimiento hacia la familia.** ¿Ha pensado Ud. en todo lo que han hecho sus padres por Ud.? Específicamente, ¿qué han hecho? ¿Cree que así como sus padres lo cuidaron cuando era un recién nacido, Ud. debe cuidarlos cuando ellos sean muy viejos y no puedan valerse por sí mismos? ¿Usualmente qué se hace en su cultura con las personas muy viejas? ¿Qué opina Ud. de esta práctica? ¿Es una buena señal de agradecimiento?
3. **El agradecimiento hacia los maestros.** ¿Se siente agradecido hacia alguno de sus maestros o profesores? ¿Por qué? Describa al profesor o maestro que ha tenido más influencia en su vida. ¿En qué ha influido? ¿Por qué?

Jaque mate en dos jugadas[1]

W. I. EISEN

Yo lo envenené. En dos horas quedaría liberado. Dejé a mi tío Néstor a las veintidós.[2] Lo hice con alegría. Me ardían las mejillas.[3] Me quemaban[4] los labios.[5] Luego me calmé y eché a caminar tranquilamente por la avenida en dirección al puerto.[6]

5   Me sentía contento. Liberado. Hasta Guillermo saldría socio beneficiario[7] en el asunto. ¡Pobre Guillermo! ¡Tan tímido, tan inocente! Era evidente que yo debía pensar y obrar por ambos. Siempre sucedió así. Desde el día en que nuestro tío nos llevó a su casa. Nos encontramos perdidos en el palacio. Era un lugar

10 seco,[8] sin amor. Únicamente el sonido metálico de las monedas.[9]

    —Tenéis[10] que acostumbraros al ahorro,[11] a no malgastar.[12] ¡Al fin y al cabo,[13] algún día será vuestro! —decía. Y nos acostumbramos a esperarlo.

    Pero ese famoso y deseado día no llegaba, a pesar de que tío

15 sufría del corazón. Y si de pequeños[14] nos tiranizó, cuando crecimos se hizo cada vez más[15] intolerable.

    Guillermo se enamoró un buen día. A nuestro tío no le gustó la muchacha. No era lo que ambicionaba[16] para su sobrino.

    —Le falta cuna[17]..., le falta roce[18]..., ¡puaf! Es una ordinaria...

20 —sentenció.[19]

    Inútil fue que Guillermo se dedicara a encontrarle méritos.[20] El viejo era testarudo[21] y arbitrario.

---

[1] **jaque mate en dos jugadas** checkmate in two moves   [2] **a las veintidós** at 10 p.m.   [3] **mejilla** cheek   [4] **quemar** to burn   [5] **labio** lip   [6] **puerto** harbor [7] **socio beneficiario** partner in the profits   [8] **seco(-a)** dry   [9] **moneda** coin [10] **tenéis** second-person plural form of **tener**. The **vosotros** form is used in Spain   [11] **ahorro** saving, frugality   [12] **malgastar** to squander   [13] **¡al fin y al cabo!** after all   [14] **de pequeños** when we were small (*children*)   [15] **cada vez más** more and more   [16] **ambicionar** to aspire to, to seek   [17] **le falta cuna** she lacks lineage   [18] **roce** class   [19] **sentenciar** to pass judgment [20] **encontrarle méritos** to point out her good qualities   [21] **testarudo(-a)** stubborn, obstinate

Conmigo tenía otra clase de problemas. Era un carácter contra otro. Se empeñó en doctorarme[22] en bioquímica. ¿Resultado? Un perito[23] en póquer y en carreras de caballos. Mi tío para esos vicios no me daba ni un centavo. Tenía que emplear todo mi ingenio[24] para quitarle un peso. 5

Uno de los recursos era aguantarle sus interminables partidas de ajedrez;[25] entonces yo cedía[26] con aire de hombre magnánimo, pero él, en cambio, cuando estaba en posición favorable alargaba[27] el final, anotando las jugadas con displicencia,[28] sabiendo de mi prisa[29] por salir para el club. Gozaba con mi infortunio saboreando su coñac.[30] 10

Un día me dijo con tono condescendiente:

—Observo que te aplicas[31] en el ajedrez. Eso me demuestra dos cosas: que eres inteligente y un perfecto holgazán.[32] Sin embargo, tu dedicación tendrá su premio. Soy justo. Pero eso sí, 15 a falta de diplomas, de hoy en adelante tendré de ti bonitas anotaciones de las partidas.[33] Sí, muchacho, vamos a guardar cada uno los apuntes de los juegos en libretas[34] para compararlas. ¿Qué te parece?

Aquello podría resultar un par de cientos de pesos, y acepté. 20 Desde entonces, todas las noches, la estadística. Estaba tan arraigada[35] la manía en él, que en mi ausencia comentaba las partidas con Julio, el mayordomo.[36]

Ahora todo había concluido. Cuando uno se encuentra en un callejón[37] sin salida, el cerebro[38] trabaja, busca, rebusca. Y 25 encuentra. Siempre hay salida para todo. No siempre es buena. Pero es salida.

---

[22] **se...doctorarme** he insisted that I get a doctorate   [23] **perito(-a)** expert
[24] **ingenio** cleverness   [25] **partida de ajedrez** chess game   [26] **ceder** to give up
[27] **alargar** to lengthen   [28] **anotando...displicencia** noting down the moves
with indifference   [29] **prisa** haste, hurry   [30] **gozaba...coñac** he enjoyed my
misfortune while savouring his brandy   [31] **aplicarse** to apply oneself, to
work hard   [32] **holgazán** loafer   [33] **pero...partidas** but keep in mind that since
you will never get a degree, from now on you will keep a very nice record of
the games for me   [34] **libreta** notebook   [35] **arraigado(-a)** deep-rooted
[36] **mayordomo** butler   [37] **callejón** alley   [38] **cerebro** brain

Llegaba a la Costanera.[39] Era una noche húmeda. En el cielo nublado, alguna chispa eléctrica. El calorcillo mojaba las manos, resecaba la boca.

En la esquina, un policía me hizo saltar el corazón.[40]

5 El veneno, ¿cómo se llamaba? Aconitina. Varias gotitas en el coñac mientras conversábamos. Mi tío esa noche estaba encantador. Me perdonó la partida.[41]

—Haré un solitario[42] —dijo—. Despaché[43] a los sirvientes... ¡Hum! Quiero estar tranquilo. Después leeré un buen libro. Algo
10 que los jóvenes no entienden... Puedes irte.

—Gracias, tío. Hoy realmente es... sábado.

—Comprendo.

¡Demonios! El hombre comprendía. La clarividencia[44] del condenado.

15 El veneno producía un efecto lento, a la hora,[45] o más, según el sujeto. Hasta seis u ocho horas. Justamente durante el sueño. El resultado: la apariencia de un pacífico ataque cardíaco, sin huellas comprometedoras.[46] Lo que yo necesitaba. ¿Y quién sospecharía?[47] El doctor Vega no tendría inconveniente en suscribir
20 el certificado de defunción.[48] ¿Y si me descubrían? ¡Imposible!

Pero, ¿y Guillermo? Sí. Guillermo era un problema. Lo hallé en el *hall* después de preparar la «encomienda» para el infierno.[49] Descendía la escalera, preocupado.

—¿Qué te pasa? —le pregunté jovial, y le hubiera agregado
25 de buena gana: «¡Si supieras, hombre!»

—¡Estoy harto![50] —me replicó.

—¡Vamos! —Le palmoteé[51] la espalda—. Siempre estás dispuesto a la tragedia...

---

[39] **Costanera** Avenue in Buenos Aires, Argentina   [40] **me...corazón** made my heart skip a beat   [41] **me...partida** he excused me from the game   [42] **haré un solitario** I will play by myself   [43] **despachar** to dismiss   [44] **clarividencia** clairvoyance   [45] **a la hora** after an hour   [46] **sin...comprometedoras** without incriminating traces   [47] **sospechar** to suspect   [48] **no tendría...defunción** would have no objection to signing the death certificate   [49] **después...infierno** after preparing the "parcel" (*i.e. the uncle*) to be sent to hell   [50] **estar harto** to be fed up   [51] **palmotear** to pat

—Es que el viejo me enloquece. Últimamente, desde que volviste a la Facultad y le llevas la corriente[52] en el ajedrez, se la toma conmigo.[53] Y Matilde...

—¿Qué sucede con Matilde?

—Matilde me lanzó un ultimátum: o ella, o tío.   5

—Opta por ella. Es fácil elegir. Es lo que yo haría...

—¿Y lo otro?

Me miró desesperado. Con brillo demoníaco en las pupilas; pero el pobre tonto jamás buscaría el medio de resolver su problema.   10

—Yo lo haría —siguió entre dientes—; pero, ¿con qué viviríamos? Ya sabes cómo es el viejo... Duro, implacable. ¡Me cortaría los víveres![54]

—*Tal vez las cosas se arreglen de otra manera...* —insinué bromeando[55]—. ¡Quién te dice...!   15

—¡Bah!... —sus labios se curvaron con una mueca amarga[56]—. No hay escapatoria. Pero yo hablaré con el viejo tirano. ¿Dónde está ahora?

Me asusté. Si el veneno resultaba rápido... Al notar los primeros síntomas podría ser auxiliado y...   20

—Está en la biblioteca—exclamé—, pero déjalo en paz. Acaba de jugar la partida de ajedrez, y despachó a la servidumbre. ¡El lobo quiere estar solo en la madriguera![57] Consuélate en un cine o en un bar.

Se encogió de hombros.   25

—El lobo en la madriguera... —repitió. Pensó unos segundos y agregó, aliviado—: Lo veré en otro momento. Después de todo...

—Después de todo, no te animarías,[58] ¿verdad? —gruñí salvajemente.

Me clavó la mirada.[59] Sus ojos brillaron con una chispa siniestra, pero fue un relámpago.   30

Miré el reloj: las once y diez de la noche.

---

[52] **llevarle la corriente** to go along with   [53] **se...conmigo** he has been picking on me   [54] **cortarle los víveres a alguien** to cut off someone's supplies
[55] **bromear** to joke   [56] **mueca amarga** bitter grimace   [57] **¡El lobo...madriguera!** The wolf wants to be left alone in its den!   [58] **no te animarías** you would not have the nerve   [59] **me...mirada** he fixed his gaze on me

Ya comenzaría a producir efecto. Primero un leve malestar, nada más. Después un dolorcillo agudo, pero nunca demasiado alarmante. Mi tío refunfuñaba[60] una maldición para la cocinera. El pescado indigesto. ¡Qué poca cosa es todo![61] Debía de estar
5   leyendo los diarios de la noche, los últimos. Y después, el libro, como gran epílogo. Sentía frío.

Las baldosas se estiraban en rombos.[62] El río era una mancha[63] sucia cerca del paredón. A lo lejos luces verdes, rojas, blancas. Los automóviles se deslizaban chapoteando[64] en el
10 asfalto.

Decidí regresar, por temor a llamar la atención. Nuevamente por la avenida hacia Leandro N. Alem.[65] Por allí a Plaza de Mayo.[66] El reloj me volvió a la realidad. Las once y treinta y seis. Si el veneno era eficaz, ya estaría todo listo. Ya sería dueño de
15 millones. Ya sería libre... Ya sería..., *ya sería asesino.*

Por primera vez pensé en la palabra misma. Yo ¡asesino! Las rodillas me flaquearon.[67] Un rubor me azotó[68] el cuello, me subió a las mejillas, me quemó las orejas, martilló mis sienes.[69] Las manos transpiraban.[70] El frasquito de aconitina en el bolsillo
20 llegó a pesarme una tonelada. Busqué en los bolsillos rabiosamente hasta dar con él.[71] Era un insignificante cuentagotas[72] y contenía la muerte; lo arrojé lejos.

Avenida de Mayo. Choqué con varios transeúntes.[73] Pensarían en un borracho. Pero en lugar de alcohol, sangre.
25 Yo, asesino. Esto sería un secreto entre mi tío Néstor y mi conciencia. Recordé la descripción del efecto del veneno: «en la lengua, sensación de hormigueo[74] y embotamiento,[75] que se inicia en el punto de contacto para extenderse a toda la lengua, a la cara y a todo el cuerpo».

---

[60] **refunfuñar** to grumble   [61] **¡Qué...todo!** How easy it all is!   [62] **las baldosas...rombos** the tiles (*of the streets*) stretched out in the shape of diamonds   [63] **mancha** stain   [64] **chapotear** to splash   [65] **Leandro N. Alem** a street in downtown Buenos Aires   [66] **Plaza de Mayo** main square of Buenos Aires   [67] **flaquear** to weaken   [68] **azotar** to beat   [69] **martilló mis sienes** hammered my temples   [70] **transpirar** to perspire   [71] **hasta...él** until I found it   [72] **cuentagotas** dropper   [73] **choque...transeúntes** I bumped against several passers-by   [74] **hormigueo** pins and needles   [75] **embotamiento** dullness

Entré en un bar. Un tocadiscos atronaba[76] con un viejo *rag-time*. «En el esófago y en el estómago, sensación de ardor intenso.» Millones. Billetes de mil, de quinientos, de cien. Póquer. Carreras. Viajes... «sensación de angustia, de muerte próxima, enfriamiento profundo generalizado, trastornos sensoriales, de-   5
bilidad muscular, contracciones, impotencia de los músculos».
Habría quedado solo. En el palacio. Con sus escaleras de mármol. Frente al tablero de ajedrez. Allí el rey, y la dama, y la torre negra. Jaque mate.

El mozo se aproximó. Debió sorprender mi mueca amarga,   10
mis músculos en tensión, listos para saltar.

—¿Señor?

—Un cōnac...

—Un cōnac... —repitió el mozo—. Bien, señor—y se alejó.

El tictac del reloj cubría todos los rumores. Hasta los de mi   15
corazón. La una. Bebí el coñac de un trago.[77]

«Como fenómeno circulatorio, hay alteración del pulso e
hipotensión que se derivan de la acción sobre el órgano central,
llegando, en su estado más avanzado, al síncope cardíaco...» Eso
es. El síncope cardíaco. La válvula de escape.   20

A las dos y treinta de la mañana regresé a casa. Al principio
no lo advertí. Hasta que me cerró el paso.[78] Era un agente de
policía. Me asusté.

—¿El señor Claudio Álvarez?

—Sí, señor... —respondí humildemente.   25

—Pase usted... —me dijo.

—¿Qué hace usted aquí? —me animé a murmurar.

—Dentro tendrá la explicación—fue la respuesta.

En el *hall,* cerca de la escalera, varios individuos de uniforme
se habían adueñado del palacio. ¿Guillermo? Guillermo no estaba   30
presente.

Julio, el mayordomo, amarillo, espectral trató de hablarme.
Uno de los uniformados, el jefe del grupo por lo visto, le selló
los labios con un gesto. Avanzó hacia mí, y me inspeccionó como
a un cobayo.[79]   35

---

[76] **atronar** to boom   [77] **de un trago** in one gulp   [78] **me...paso** he blocked my way   [79] **cobayo** guinea pig

—Usted es el mayor de los sobrinos, ¿verdad?

—Sí, señor... —murmuré.

—Lamento decírselo, señor. Su tío ha muerto...asesinado—
anunció mi interlocutor. La voz era calma, grave—. Y soy el
5 inspector Villegas, y estoy a cargo de la investigación. ¿Quiere
acompañarme a la otra sala?

—Dios mío—articulé anonadado—. ¡Es inconcebible!

Las palabras sonaron a huecas, a hipócritas. (*¡Ese dichoso
veneno*[80] *dejaba huellas! ¿Pero cómo...cómo?*)

10 —¿Puedo...puedo verlo? —pregunté.

—Por el momento, no. Además, quiero que me conteste algunas preguntas.

—Como usted diga... —accedí azorado.[81]

Lo seguí a la biblioteca vecina. El inspector Villegas me in-
15 dicó un sillón y se sentó en otro. Encendió un cigarrillo y con
evidente grosería no me ofreció ninguno.

—Usted es el sobrino... Claudio. —Pareció que repetía una
lección aprendida de memoria.

—Sí, señor.

20 —Pues bien: explíquenos qué hizo esta noche.

Yo también repetí una letanía.

—Cenamos los tres, juntos como siempre. Guillermo se retiró
a su habitación. Quedamos mi tío y yo charlando un rato; pasamos a la biblioteca. Después jugamos nuestra habitual partida
25 de ajedrez; me despedí de mi tío y salí. En el vestíbulo me encontré con Guillermo que descendía por las escaleras rumbo a
la calle. Cambiamos unas palabras y me fui.

—Y ahora regresa...

—Sí...

30 —¿Y los criados?

—Mi tío deseaba quedarse solo. Los despachó después de
cenar. A veces tenía estas y otras manías.

—Lo que usted dice concuerda en gran parte con la decla-
ración del mayordomo. Cuando éste regresó, hizo un recorrido
35 por el edificio. Notó la puerta de la biblioteca entornada[82] y luz

---

[80] **¡Ese dichoso veneno!** That blasted poison!   [81] **accedí azorado** I consented
terrified   [82] **entornado(-a)** ajar

adentro. Entró. Allí halló a su tío frente a un tablero de ajedrez, muerto. La partida interrumpida... De manera que jugaron la partidita, ¿eh?

Algo dentro de mí comenzó a saltar violentamente. Una sensación de zozobra, de angustia, me recorría con la velocidad de 5 un pebete.[83] En cualquier momento estallaría la pólvora. *¡Los consabidos solitarios de mi tío!*[84]

—Sí, señor... —admití.

No podía desdecirme. Eso también se lo había dicho a Guillermo. Y probablemente Guillermo al inspector Villegas. 10 Porque mi hermano debía de estar en alguna parte. El sistema de la policía: aislarnos, dejarnos solos, inertes, indefensos, para pillarnos.[85]

—Tengo entendido[86] que ustedes llevaban un registro de las jugadas. Para establecer los detalles en su orden, ¿quiere mos- 15 trarme su libretita de apuntes, señor Álvarez?

Me hundía en el cieno.[87]

—¿Apuntes?

—Sí, hombre—el policía era implacable—, deseo verla, como es de imaginar. Debo verificarlo todo, amigo; lo dicho y lo 20 hecho por usted. *Si jugaron como siempre...*

Comencé a tartamudear.[88]

—Es que... —Y después, de un tirón:[89] —¡Claro que jugamos como siempre!

Las lágrimas comenzaron a quemarme los ojos. Miedo. Un 25 miedo espantoso. Como debió sentirlo tío Néstor cuando aquella «sensación de angustia... de muerte próxima..., enfriamiento profundo, generalizado...» Algo me taladraba[90] el cráneo. Me empujaban. El silencio era absoluto, pétreo. Los otros también estaban callados. Dos ojos, seis ojos, ocho ojos, mil ojos. ¡Oh, 30 qué angustia!

Me tenían... me tenían... Jugaban con mi desesperación... Se divertían con mi culpa...

---

[83] **pebete** fuse (*of a firecracker*)   [84] **¡Los...tío!** The well-known games my uncle played alone   [85] **pillar** to catch   [86] **tengo entendido** I understand   [87] **cieno** mud   [88] **tartamudear** to stammer   [89] **de un tirón** all at once   [90] **taladrar** to drill

De pronto, el inspector gruñó:

—¿Y?

Una sola letra ¡pero tanto!

—¿Y? —repitió—Usted fue el último que lo vio con vida. Y,
5 además, muerto. El señor Álvarez no hizo anotación alguna esta
vez, señor mío.[91]

No sé por qué me puse de pie. Tenso. Elevé mis brazos, los
estiré. Me estrujé las manos, clavándome las uñas, y al final chillé
con voz que no era la mía:

10 —¡Basta! Si lo saben, ¿para qué lo preguntan? ¡Yo lo maté!
¡Yo lo maté! ¿Y qué hay?[92] ¡Lo odiaba con toda mi alma! ¡Estaba
cansado de su despotismo! ¡Lo maté! ¡Lo maté!

El inspector no lo tomó tan a la tremenda.[93]

—¡Cielos! —dijo—. Se produjo más pronto de lo que yo
15 esperaba. Ya que se le soltó la lengua, ¡dónde está el revólver?

El inspector Villegas no se inmutó. Insistió imperturbable.

—¡Vamos, no se haga el tonto ahora! ¡El revólver! ¿O ha
olvidado que lo liquidó de un tiro? ¡Un tiro en la mitad de la
frente, compañero! ¡Qué puntería![94]

EXERCISES

READING COMPREHENSION

Change the false statements to make them agree with the story.

1. El palacio en que vivía el tío Néstor era un lugar seco y sin
amor.
2. Al tío le gustó mucho la novia de Guillermo.
3. Guillermo envenenó a su tío.
4. Guillermo se casa con Matilde para no quedarse sin víveres.
5. Claudio trata de matar a su tío con un revólver.

Answer the following questions in Spanish.

1. ¿Quién narra el cuento? ¿A qué hora había salido de su casa?
2. ¿Qué era lo único que se oía en el palacio?

---

[91] **señor mío** my good man   [92] **¿Y qué hay?** And what of it   [93] **no...tremenda**
did not seem too surprised   [94] **¡Qué puntería!** What an aim!

3. ¿De qué enfermedad sufría el tío?
4. ¿Qué quiere el tío que Claudio estudie? ¿Lo hace él?
5. ¿Por qué jugaban tanto al ajedrez?
6. ¿Cómo mata Claudio a su tío?
7. ¿Qué hizo el tío al quedarse solo?
8. ¿Qué efectos produce el veneno?
9. ¿Qué dice el tío de la novia de Guillermo?
10. ¿Qué ultimátum le dio Matilde a Guillermo?
11. ¿Cómo reacciona Claudio al pensar que es un asesino?
12. ¿A qué hora regresa Claudio a su casa? ¿Qué encuentra allí?
13. ¿Tenía Claudio el registro de las jugadas que le pide el inspector? ¿Por qué?
14. ¿Por qué confiesa Claudio su crimen?
15. ¿Quién mató al tío? Explique el final del cuento.

VOCABULARY STUDY

A. *Vocabulary Usage*

Give the English equivalent of the following sentences.

1. Tengo entendido.
2. Quiero quedar liberado.
3. Yo debía obrar por ambos.
4. El se hizo cada vez más intolerable.
5. A ella le falta roce.
6. ¿Qué te parece?
7. El viejo me enloquece.
8. Claudio se encogió de hombros.
9. Sus labios se curvaron con una mueca amarga.
10. Déjalo en paz.

Write the noun, preposition, verb or adjective contained in each of the following words.

1. malgastar		10. tocadiscos	
2. enamorar		11. hipotensión	
3. rebuscar		12. mayordomo	
4. demostrar		13. uniformar	
5. descubrir		14. interlocutor	
6. malestar		15. desdecirme	
7. realmente		16. salvajemente	
8. desesperar		17. anotación	
9. cuentagotas		18. impotencia	

B. *Cognate and Word Formation Exercise*

Spanish adjectives ending in **-oso, -osa** usually have an English equivalent ending in -*ous*.

generoso	*generous*
delicioso	*delicious*

Spanish words ending in **-izar** usually have an English equivalent ending in -*ize*.

generalizar	*to generalize*
legalizar	*to legalize*

Give the Spanish cognates of the words in parentheses. Are there any false cognates?

1. Creo que este cuento es (*mysterious*) _____ .
2. Los dos sobrinos eran (*ambitious*) _____ .
3. Pero el (*famous*) _____ día no llegaba.
4. Y desde pequeños nos quería (*to tyrannize*) _____ .
5. ¿Qué quería (*to utilize*) _____ para matarlo?
6. Lo hice porque cada día mi tío era más (*intolerable*) _____ .
7. ¿Cómo podía obedecer esas (*arbitrary orders*) _____ ?
8. Mi (*position*) _____ no era muy (*favorable*) _____ .
9. Sólo escuchaba el sonido (*metallic*) _____ de las monedas.
10. Como no era (*intelligent*) _____ ni (*dedicated*) _____ no recibí mi (*diploma*) _____ .
11. Mi tío sufría de una enfermedad (*cardiac*) _____ .
12. Me miró con brillo (*demoniac*) _____ en las pupilas.
13. Sabía que sentiría una gran debilidad (*muscular*) _____ y fuertes (*contractions*) _____ .
14. Cuando recorrimos el (*edifice*) _____ pasamos por la (*library*) _____ .
15. ¡Estaba cansado de su (*despotism*) _____ !

Read the following paragraph without consulting your dictionary. How many cognates can you recognize? Are there any false cognates?

Ahora me siento un poco más liberado de mi conducta impropia e hipócrita. Estoy más calmado y puedo hablar por unos minutos sobre lo que ocurrió en ese palacio donde sólo importaba el sonido metálico de las monedas y la dedicación demoníaca a los aspectos materialistas de la vida. Sé que mi posición actual no es favorable y aunque ahora todo está tranquilo, lo más seguro es que termine en la silla eléctrica por el asesinato de mi tío. Traté de resolver el conflicto interno que sentía sin escuchar las recomendaciones de mi propia conciencia. Si las hubiera escuchado, no habría sufrido lo que sufro ahora. Mi tío tampoco hubiera sufrido las terribles contracciones musculares que finalmente terminaron con su existencia. Ahora soy yo el indefenso, el solitario que espera el veredicto oficial y legal que castigue mi actuación. Mi desesperación es de nuevo absoluta. Todo ha terminado para mí.

STRUCTURES

A. **Tú** *commands*

To form affirmative **(tú)** commands, use the third person singular of the present indicative.

hablar ⟶ **él *habla*** ⟶ **habla** (tú)
leer   ⟶ **él *lee***   ⟶ **lee** (tú)

To form negative **tú** commands, use exactly the same form as the second person singular of the present subjunctive.

no *hables*
no *leas*

IRREGULAR AFFIRMATIVE **TÚ** COMMANDS

decir ⟶ di		**salir** ⟶ sal	
hacer ⟶ haz		**ser** ⟶ sé	
ir ⟶ ve		**tener** ⟶ ten	
poner ⟶ pon		**venir** ⟶ ven	

Make affirmative and negative **tú** commands from the following sentences.

1. El sale temprano de la casa de su tío.
2. El opta por ella.
3. Guillermo deja al viejo en paz.
4. El se consuela en un cine o en un bar.
5. El mayordomo regresa a casa temprano.

6. Claudio hace las anotaciones de las partidas.
7. El pone el veneno en el coñac.

B. *Imperfect Subjunctive Tense*

Complete the following sentences, using the imperfect subjunctive tense of the verbs in parentheses.

1. Tal vez él no (saber) _____ la verdad.
2. Esperaba que tú (venir) _____ a tiempo.
3. Lo envenené porque no quería que (vivir) _____ más.
4. Él no esperaba que yo (confesar) _____ mi crimen tan rápido.
5. Era necesario que Claudio no (estar) _____ allí.
6. Fue inútil que Guillermo se (dedicar) _____ a encontrarle méritos a Matilde.

WRITING PRACTICE

Use your imagination to write a one-hundred-twenty-word essay about one of the topics listed below. Your composition will be evaluated for grammatical correctness and vocabulary usage.

1. **La reacción de Guillermo.** ¿Cómo cree Ud. que va a reaccionar Guillermo cuando descubra que Claudio ha sido condenado por el asesinato de su tío?
2. **El final del cuento.** ¿Por qué es inesperado? ¿Qué sucedió en casa durante la ausencia de Claudio? ¿Quién le disparó al tío? ¿Por qué motivo? ¿Quién será finalmente castigado? ¿Quién cree Ud. que debe ser castigado? Explique.

COMMUNICATIVE ACTIVITY

Interview one of your classmates using the questions provided below. Report your findings to the rest of the class.

1. ¿Qué piensas del carácter del tío?
2. ¿Crees que los sobrinos son un poco perezosos? ¿Qué piensas de ellos?
3. ¿No crees que ellos deberían haberse independizado un poco de su tío?
4. ¿Cómo es Guillermo? ¿Qué debe hacer si de verdad quiere casarse con Matilde?
5. ¿Cómo es Claudio?

6. ¿Has conocido alguna persona como el tío Néstor o como sus sobrinos?

7. ¿Te gusta ahorrar? ¿Crees que es bueno malgastar el dinero? ¿Qué compras consideras innecesarias? ¿Malgastas tu dinero a veces? ¿En qué?

8. Si fueras uno de los sobrinos, ¿qué habrías hecho?

9. ¿Qué fue lo que más te gustó de *Jaque mate en dos jugadas*?

Rosamunda

CARMEN LAFORET

Estaba amaneciendo,[1] al fin. El departamento de tercera clase olía a cansancio, a tabaco y a botas de soldado. Ahora se salía de la noche como de un gran túnel y se podía ver a la gente acurrucada,[2] dormidos hombres y mujeres en sus asientos duros.
5 Era aquél un incómodo vagón-tranvía,[3] con el pasillo[4] atestado de cestas y maletas. Por las ventanillas se veía el campo y la raya plateada[5] del mar.

Rosamunda se despertó. Todavía se hizo una ilusión placentera[6] al ver la luz entre sus pestañas[7] semicerradas. Luego
10 comprobó que su cabeza colgaba hacia atrás,[8] apoyada en el respaldo del asiento[9] y que tenía la boca seca de llevarla abierta.[10] Se rehizo, enderezándose.[11] Le dolía el cuello —su largo cuello marchito[12]—. Echó una mirada a su alrededor[13] y se sintió aliviada al ver que dormían sus compañeros de viaje. Sintió ganas
15 de estirar las piernas entumecidas[14] —el tren traqueteaba, pitaba[15]—. Salió con grandes precauciones, para no despertar, para no molestar, "con pasos de hada"[16] —pensó—, hasta la plataforma.

El día era glorioso. Apenas se notaba el frío del amanecer.
20 Se veía el mar entre naranjos.[17] Ella se quedó como hipnotizada por el profundo verde de los árboles, por el claro horizonte de agua.

---

[1] **estaba amaneciendo** day was breaking   [2] **acurrucado(-a)** curled up
[3] **vagón-tranvía** train-car   [4] **pasillo** hallway   [5] **raya plateada** silver line   [6] **todavía...placentera** she still had a pleasant illusion   [7] **pestaña** eyelash   [8] **colgaba...atrás** was dangling backward   [9] **respaldo del asiento** back of the seat   [10] **de...abierta** from having it open   [11] **ella...enderezándose** she pulled herself together, straightening up   [12] **marchito(-a)** withered, faded
[13] **echó...alrededor** she took a look around   [14] **entumecido(-a)** numb
[15] **traquetear y pitar** to rattle and to whistle   [16] **pasos de hada** fairy steps
[17] **naranjo** orange tree

—"Los odiados, odiados naranjos... Las odiadas palmeras...
El maravilloso mar..."

—¿Qué decía usted?

A su lado estaba un soldadillo. Un muchachito pálido. Parecía bien educado.[18] Se parecía a su hijo. A un hijo suyo que
se había muerto. No al que vivía; al que vivía, no, de ninguna
manera.[19]

—No sé si será usted capaz de entenderme —dijo, con cierta
altivez[20]—. Estaba recordando unos versos míos. Pero si usted
quiere, no tengo inconveniente en recitar...

El muchacho estaba asombrado. Veía a una mujer ya mayor,
flaca, con profundas ojeras.[21] El cabello oxigenado,[22] el traje de
color verde, muy viejo. Los pies calzados en unas viejas zapatillas
de baile..., sí, unas asombrosas zapatillas de baile, color de plata,
y en el pelo una cinta plateada también, atada con un lacito...[23]
Hacía mucho que él la observaba.

—¿Qué decide usted? —preguntó Rosamunda, impaciente—.
¿Le gusta o no oír recitar?

—Sí, a mí...

El muchacho no se reía porque le daba pena[24] mirarla. Quizá
más tarde se reiría. Además, él tenía interés porque era joven,
curioso. Había visto pocas cosas en su vida y deseaba conocer
más. Aquello era una aventura. Miró a Rosamunda y la vio soñadora. Entornaba los ojos azules. Miraba al mar.

—¡Qué difícil es la vida!

Aquella mujer era asombrosa. Ahora había dicho esto con
los ojos llenos de lágrimas.[25]

—Si usted supiera, joven... Si usted supiera lo que este amanecer significa para mí, me disculparía. Este correr hacia el Sur.
Otra vez hacia el Sur... Otra vez a mi casa. Otra vez a sentir ese
ahogo de mi patio cerrado,[26] de la incomprensión de mi esposo...
No se sonría usted, hijo mío; usted no sabe nada de lo que puede
ser la vida de una mujer como yo. Este tormento infinito... Usted
dirá que por qué le cuento todo esto, por qué tengo ganas de

---

[18] **bien educado** well-mannered [19] **de ninguna manera** in no way
whatsoever [20] **altivez** arrogance [21] **con...ojeras** with bags under her
eyes [22] **cabello oxigenado** bleached hair [23] **lazo** bow; **lacito** little
bow [24] **dar pena** to feel sorry [25] **llenos de lágrimas** full of tears
[26] **ahogo...cerrado** suffocating atmosphere of my enclosed patio

hacer confidencias,[27] yo, que soy de naturaleza reservada... Pues,
porque ahora mismo, al hablarle, me he dado cuenta de que tiene
usted corazón y sentimiento y porque esto es mi confesión. Porque, después de usted, me espera, como quien dice[28] la tumba...
5 El no poder hablar ya a ningún ser humano..., a ningún ser humano que me entienda.

Se calló, cansada, quizá, por un momento. El tren corría,
corría... El aire se iba haciendo cálido,[29] dorado. Amenazaba un
día terrible de calor.

10 —Voy a empezar a usted mi historia, pues creo que le interesa... Sí. Figúrese[30] usted una joven rubia, de grandes ojos
azules, una joven apasionada por el arte... De nombre, Rosamunda... Rosamunda, ¿ha oído?... Digo que si ha oído mi nombre
y qué le parece.

15 El soldado se ruborizó ante el tono imperioso.

—Me parece bien... bien.

—Rosamunda... —continuó ella, un poco vacilante.[31]

Su verdadero nombre era Felisa; pero, no se sabe por qué,
lo aborrecía. En su interior siempre había sido Rosamunda, desde
20 los tiempos de su adolescencia. Aquel Rosamunda se había con-
vertido en[32] la fórmula mágica que la salvaba de la estrechez[33]
de su casa, de la monotonía de sus horas; aquel Rosamunda
convirtió al novio zafio y colorado[34] en un príncipe de leyenda.
Rosamunda era para ella un nombre amado, de calidades ex-
25 quisitas... Pero ¿para qué explicar al joven tantas cosas?

—Rosamunda tenía un gran talento dramático. Llegó a
actuar[35] con éxito brillante. Además, era poetisa. Tuvo ya cierta
fama desde su juventud... Imagínese, casi una niña, halagada,
mimada[36] por la vida y, de pronto, una catástrofe... El amor...
30 ¿Le he dicho a usted que era ella famosa? Tenía dieciséis años
apenas,[37] pero la rodeaban por todas partes los admiradores. En
uno de los recitales de poesía, vio al hombre que causó su ruina.

---

[27] **hacer confidencias** to confide in someone [28] **como quien dice** so to
speak [29] **se...cálido** was becoming warm [30] **figurar** to imagine [31] **vacilante**
unsteady, shaky [32] **convertirse en** to become [33] **estrechez** confinement
[34] **zafio y colorado** boorish and ruddy [35] **llegó a actuar** she got to act
[36] **mimado(-a)** pampered [37] **apenas** hardly, scarcely

A... A mi marido, pues Rosamunda, como usted comprenderá, soy yo. Me casé sin saber lo que hacía, con un hombre brutal, sórdido y celoso. Me tuvo encerrada[38] años y años. ¡Yo!... Aquella mariposa de oro que era yo... ¿Entiende?

(Sí, se había casado, si no a los dieciséis años, a los veintitrés; 5
pero ¡al fin y al cabo!...[39] Y era verdad que le había conocido un día que recitó versos suyos en casa de una amiga. Él era carnicero. Pero, a este muchacho, ¿se le podían contar las cosas así? Lo cierto era aquel sufrimiento suyo, de tantos años. No había podido ni recitar un solo verso, ni aludir a sus pasados éxitos— 10
éxitos quizás inventados, ya que no se acordaba bien; pero...—. Su mismo hijo solía[40] decirle que se volvería loca de pensar y llorar tanto. Era peor esto que las palizas[41] y los gritos de él cuando llegaba borracho. No tuvo a nadie más que al hijo aquél, porque las hijas fueron descaradas y necias,[42] y se reían de ella, 15
y el otro hijo, igual que su marido, había intentado hasta encerrarla.)

—Tuve un hijo único. Un solo hijo. ¿Se da cuenta? Le puse[43] Florisel... Crecía delgadito, pálido, así como usted. Por eso quizá le cuento a usted estas cosas. Yo le contaba mi magnífica vida 20
anterior. Sólo él sabía que conservaba un traje de gasa, todos mis collares... Y él me escuchaba, me escuchaba... como usted ahora, embobado.[44]

Rosamunda sonrió. Sí, el joven la escuchaba absorto.

—Este hijo se me murió. Yo no lo pude resistir... Él era lo 25
único que me ataba a aquella casa. Tuve un arranque,[45] cogí mis maletas y me volví a la gran ciudad de mi juventud y de mis éxitos... ¡Ay! He pasado unos días maravillosos y tristes. Fui acogida con entusiasmo, aclamada de nuevo por el público, de nuevo adorada... ¿Comprende mi tragedia? Porque mi marido, al 30
enterarse de esto, empezó a escribirme cartas tristes y desgarradoras:[46] no podía vivir sin mí. No puede, el pobre. Además

---

[38] **encerrado(-a)** locked up   [39] **¡al fin y al cabo!** after all!   [40] **soler** to usually (*do*, etc.)   [41] **paliza** beating   [42] **descaradas y necias** impudent and foolish   [43] **le puse** I named him   [44] **embobado(-a)** fascinated   [45] **arranque** fit; **tener un arranque** to have a fit   [46] **desgarrador(-a)** heartrending

es el padre de Florisel, y el recuerdo del hijo perdido estaba en
el fondo de todos mis triunfos, amargándome.[47]

El muchacho veía animarse por momentos a aquella figura
flaca y estrafalaria[48] que era la mujer. Habló mucho. Evocó un
5 hotel fantástico, el lujo derrochado[49] en el teatro el día de su
"reaparición"; evocó ovaciones delirantes y su propia figura, una
figura de "sílfide[50] cansada", recibiéndolas.

—Y, sin embargo, ahora vuelvo a mi deber... Repartí mi fortuna entre los pobres y vuelvo al lado de mi marido como quien
10 va[51] a un sepulcro.

Rosamunda volvió a quedarse triste. Sus pendientes[52] eran
largos, baratos; la brisa los hacía ondular... Se sintió desdichada,
muy "gran dama"... Había olvidado aquellos terribles días sin
pan en la ciudad grande. Las burlas de sus amistades ante su
15 traje de gasa, sus abalorios[53] y sus proyectos fantásticos. Había
olvidado aquel largo comedor con mesas de pino cepillado,
donde había comido el pan de los pobres entre mendigos[54] de
broncas toses.[55] Sus llantos, su terror en el absoluto desamparo[56]
de tantas horas en que hasta los insultos de su marido había
20 echado de menos. Sus besos a aquella carta del marido en que,
en su estilo tosco y autoritario a la vez, recordando al hijo muerto,
le pedía perdón y la perdonaba.

El soldado se quedó mirándola. ¡Qué tipo más raro,[57] Dios
mío! No cabía duda de que estaba loca la pobre... Ahora le son-
25 reía... Le faltaban dos dientes.

El tren se iba deteniendo en una estación del camino. Era
la hora del desayuno, de la fonda[58] de la estación venía un
olor apetitoso... Rosamunda miraba hacia los vendedores de
rosquillas.[59]

30 —¿Me permite usted convidarla, señora?

---

[47] **amargar** to embitter; to cause ill-feeling   [48] **estrafalario(-a)** odd,
extravagant   [49] **derrochado(-a)** squandered   [50] **sílfide** sylph, nymph
[51] **como...va** like one who goes   [52] **pendiente** earring   [53] **abalorio** bead
necklace, showy article of little value   [54] **mendigo** beggar   [55] **broncas
toses** hoarse coughs   [56] **desamparo** helplessness   [57] **¡qué...raro!** what a
strange character!   [58] **fonda** small restaurant   [59] **rosquilla** ring-shaped fritter

En la mente del soldadito empezaba a insinuarse una divertida historia. ¿Y si contara a sus amigos que había encontrado en el tren una mujer estupenda y que...?

—¿Convidarme? Muy bien, joven... Quizá sea la última persona que me convide... Y no me trate con tanto respeto, por favor. 5
Puede usted llamarme Rosamunda... no he de enfadarme por eso.[60]

EXERCISES

READING COMPREHENSION

Select the word or phrase that best completes each statement according to the story.

1. Rosamunda viajaba _____ de un tren.
   a) en un departamento de tercera clase
   b) en un gran túnel
   c) en un pasillo atestado de cestas y maletas

2. La gente en el vagón-tranvía _____
   a) viajaba muy cómodamente.
   b) viajaba acurrucada e incómoda.
   c) viajaba con ilusiones placenteras.

3. El soldadillo que viajaba con Rosamunda _____
   a) se parecía a su hijo Florisel.
   b) era alto y bien parecido.
   c) recitaba versos muy hermosos.

4. El soldadillo pensaba que Rosamunda era _____
   a) una mujer muy hermosa.
   b) una madre triste.
   c) una mujer asombrosa.

5. Rosamunda llevaba _____
   a) ropa muy fina.
   b) un traje muy viejo y abalorios.
   c) un vestido de fiesta rojo y zapatillas de baile.

---

[60] **no...eso** I will not get mad about that

Answer the following questions in Spanish.

1. ¿Dónde tiene lugar el cuento?
2. ¿Cómo es el paisaje?
3. ¿Cómo es el soldadillo? ¿Por qué se decide la mujer a hacerle confidencias?
4. Describa a la mujer que habla con el soldadillo.
5. ¿Qué le dice la mujer al soldadillo sobre su hogar y su familia? ¿Qué imagen usa para describir su hogar?
6. ¿Cuál era el verdadero nombre de la mujer? ¿Por qué no le gustaba?
7. ¿Qué nombre prefería? ¿Qué significado tenía para ella?
8. ¿Le dice Rosamunda toda la verdad al joven? Dé ejemplos.
9. ¿Qué gran talento tenía Rosamunda?
10. ¿Cómo describe Rosamunda a su esposo?
11. ¿Cuál fue la única persona que la comprendió?
12. ¿Cómo eran los otros hijos de Rosamunda? ¿Qué hace ella después de la muerte de Florisel?
13. Según Rosamunda, ¿cómo fue su vida en la "gran ciudad" de sus sueños? ¿Tuvo éxito? ¿Hizo fortuna?
14. ¿Cómo fue en realidad su vida en la gran ciudad?
15. ¿Por qué vuelve a su hogar?
16. ¿Por qué invita el soldadito a Rosamunda? ¿Qué piensa de ella?

VOCABULARY STUDY

A. *Vocabulary Usage*

Select the word that does not belong to each group.

1. plataforma, ventanilla, vagón, cesta, pasillo
2. sepulcro, muerto, tumba, cementerio, mariposa
3. zapatilla, botas, abalorio, calzado, pie
4. pendiente, recital, verso, poesía, teatro
5. duro, incómodo, placentero, molesto, entumecido
6. llanto, horizonte, pestaña, ojera, lágrimas
7. abalorio, cinta, collar, pendiente, mendigo
8. confesión, confidencia, recital, secreto, explicación
9. dorado, plateado, azul, verde, cálido
10. absorto, derrochado, embobado, interesado, fascinado
11. delgadito, soldadito, lacito, paliza, hijito
12. comedor, ovación, mesas, fonda, restaurante

Write the noun, verb or adjective contained in each of the following words.

1. encerrar	6. desayuno
2. incómodo	7. reaparecer
3. semicerrada	8. disculpar
4. comprobar	9. incomprensión
5. desamparo	10. entornar

B. *Cognate and Word Formation Exercise*

Write the Spanish noun from which the following occupations are derived. For a review see page 69.

1. carnicero	4. panadero
2. maletero	5. cartero
3. zapatero	6. platero

Write the diminutive of the following words. For a review see page 70.

1. ventana	4. delgado
2. muchacho	5. lazo
3. soldado	6. hijo

Give the Spanish **-ar** verbs from which the following nouns are derived. For a review see page 126.

1. lloriqueo	4. ahogo
2. olvido	5. evocación
3. actuación	6. ondulación

Give the adjectives from which the following nouns were formed. For a review see page 81.

1. oportunidad	4. infinidad
2. necedad	5. soledad
3. curiosidad	6. tosquedad

Give the English equivalent of the following words.

1. felicidad	6. inconveniente
2. ondular	7. curioso
3. ovación	8. adolescencia
4. plataforma	9. insinuar
5. glorioso	10. brutal

STRUCTURES

A. *If-clauses*

When a clause introduced by **si** expresses something that is contrary-to-fact or a hypothetical situation, **si** is always followed by the imperfect subjunctive. In this case, the verb in the main clause is usually in the conditional.

> Si ella **tuviera** dinero, se lo **daría** a los mendigos.
> *If she **had** money, she **would give** it to the beggars.*

The expression **como si** (*as if, as though*) also introduces a contrary-to-fact situation, and is always followed by the imperfect subjunctive.

> Rosamunda habla **como si fuera** una gran actriz.
> *Rosamunda speaks **as though she were** a great actress.*

But, when an if-clause expresses a true or definite situation, **si** is always followed by a verb in the indicative mood.

> **Si** el esposo le **escribe,** ella **regresa** a la casa.
> ***If** her husband **writes** her, she **will return** home.*

Rewrite the following sentences, using the imperfect subjunctive or the present indicative tense of the verbs in parentheses.

1. Si Ud. (ser) _____ capaz de entenderme, no tengo inconveniente en recitar.
2. Si Ud. (saber) _____ lo que este amanecer significa para mí, me disculparía.
3. Si Rosamunda no (tener) _____ esposo e hijos, sería una actriz famosa.
4. Si mi esposo me (decir) _____ que no podía vivir sin mí, volvería a mi casa.
5. Si el soldadito le (contar) _____ a sus amigos que había encontrado una mujer estupenda en el tren, ellos no le creerían.
6. Si ella (poder) _____ evitarlo, no viajaría en un departamento de tercera clase.
7. Si Ud. (querer) _____ , la convido a comerse unas rosquillas.

B. *The Reflexive Construction*

Rewrite the following sentences, using the past tense of the reflexive verbs in parentheses.

1. Rosamunda (despertarse) _____ temprano.
2. Ella (rehacerse) _____ y (enderezarse) _____ en el asiento.
3. Tú (sentirse) _____ aliviada al ver que los otros pasajeros dormían.
4. Ellos (quedarse) _____ como hipnotizados por el profundo verde de los árboles.
5. El muchacho no (reírse) _____ porque le daba pena.
6. Su mismo hijo solía decir que ella (volverse) _____ loca de tanto pensar en el teatro.
7. Yo (volverse) _____ a la gran ciudad de mis sueños.
8. Cuando mi marido (enterarse) _____ de la verdad, me pidió que regresara a casa.
9. Nosotros (quedarse) _____ muy tristes.
10. Ellos (acurrucarse) _____ en el asiento.

C. *The Impersonal **se** Construction*

The reflexive pronoun "**se**" + a verb in the third-person singular is used to express an action in which the subject of the verb is highly indefinite. This pattern corresponds to the English *one, they, we, you* or *people.*

Se piensa que la vida es fácil.
People think *that life is easy.*

Rewrite the following sentences, using the **se** construction in the imperfect tense of the verbs indicated in parentheses.

1. Ahora (salirse) _____ de la noche.
2. (Poderse) _____ ver la gente acurrucada.
3. Por las ventanillas (verse) _____ el campo.
4. Apenas (notarse) _____ el frío del amanecer.
5. (Verse) _____ el mar entre los naranjos.
6. (Decirse) _____ que no tenía gran talento dramático.
7. No (saberse) _____ por qué aborrecía su nombre.
8. (Creerse) _____ que Rosamunda estaba un poco loca.

WRITING PRACTICE

Write a short essay describing Rosamunda's personality. Use some or all of the following words and expressions. Your composition will be evaluated for grammatical correctness and should be at least one-hundred-twenty words in length.

mujer ya major, flaca, profundas ojeras, cabello oxigenado, traje viejo, zapatillas de baile, color plata, verde, cinta, lacito, collares, soñadora, ojos azules, verdadero nombre, fórmula mágica, príncipe de leyenda, novio zafio y colorado, talento dramático, actuar, admiradores, mariposa de oro, pendientes, abalorios, faltarle dos dientes, pobreza, mendigos, terror, desamparo.

COMMUNICATIVE ACTIVITY

Prepare the following topic to be discussed in class with two of your classmates. Once you have discussed it thoroughly, present a composite version of your analysis to the rest of the class.

Diferentes niveles de realidad. En el cuento vemos diferentes puntos de vista. Podemos saber lo que piensan Rosamunda, el soldadito y un narrador omnisciente que a menudo hace comentarios. Con esto en mente, discuta: 1) el punto de vista del soldadito; 2) la fantasía de Rosamunda y la realidad de su vida; 3) los comentarios del narrador omnisciente. ¿Cómo se complementan estas visiones? ¿Cómo se contradicen? ¿Cuál es el efecto total? Ilustre sus comentarios con pasajes tomados del texto.

REVIEW EXERCISE

Read the following descriptions and determine where they take place. Justify your answers in Spanish.

1. Le había lavado los pies después de la misa. El miserable brujo no tuvo más remedio que creer en el único Dios verdadero.
2. Cuando no pudo abrir la escotilla se dio cuenta de que tampoco podría bajar la escala de acceso. Marcó nuevamente el código en la computadora, pero la luz roja le indicó lo fútil de su intento.
3. La música que atronaba del tocadiscos me taladraba el cráneo. Era inconcebible que los jóvenes vinieran a divertirse a un lugar como éste. Cerca de la puerta estaban sentados un soldadillo y una rubia oxigenada, descarada y necia de grandes ojos

azules. Quería tomarme otro coñac, pero el mozo no me atendía.

4. Me dolían las piernas de tenerlas tanto tiempo en la misma posición. Intenté estirarlas pero no pude hacerlo debido a la gran cantidad de cestos que había en el pasillo. Las ventanillas estaban sucias y me fue imposible ver a los policías que me habían venido a recibir.

5. Levantó la argolla y descendió cuidadosamente por una escalera oscura y misteriosa que traqueteaba a sus pasos. Al pie de la escalera distinguió un cuarto espacioso atestado de libros y de instrumentos. Era aquí donde ella practicaba sus experimentos mágicos.

After reviewing the vocabulary and grammar covered to this point in part IV, give the English equivalent of the following Spanish sentences.

1. La nave se posó con suavidad poderosa.
2. Caminó sin titubear por el pasillo del vagón.
3. Al pie de la nave se encontró con un ser hostil y armado.
4. El corazón le latía al galope.
5. Le señaló un alojamiento muy fresco y le dijo que estaba muy contento con su visita.
6. Los dos escuderos se arrojaron a sus pies y le besaron las manos.
7. No tuvo más remedio que asentir.
8. El deán le rogó que le enseñara su magia.
9. Al fin y al cabo, algún día lo aprenderán.
10. Si ella pudiera evitarlo, no viajaría en un departamento de tercera clase.
11. Ella llevaba un vestido sucio, abalorios y zapatillas de baile.
12. Por la ventanilla se veía el campo verde.
13. Volvió a quedarse triste y desdichada recordando a su hijo.
14. Se negó a darle parte de las rosquillas que tenía en la cesta.
15. Espero que le guste lo que ha leído en este libro.

Vocabulary

This vocabulary contains the basic words used in this text. Irregular verb forms that might pose some difficulty, all idioms used in the text, and all proper names are included.

Abbreviations used: adj. adjective; *adv.* adverb; *conj.* conjunction; *dir. obj.* direct object; *f.* feminine; *f. sing.* feminine singular; *f. pl.* feminine plural; *fam. pl.* familiar plural; *fam. sing.* familiar singular; *imp.* imperfect; *ind.* indicative; *indir. obj.* indirect object; *inf.* infinitive; *interj.* interjection; *m.* masculine; *m. pl.* masculine plural; *m. sing.* masculine singular; *n.* noun; *obj. of prep.* object of preposition; *pl.* plural; *prep.* preposition; *pres. ind.* present indicative; *pres. part.* present participle; *pres. subjunc.* present subjunctive; *pret.* preterit; *pron.* pronoun; *refl. pron.* reflexive pronoun; *subj.* subject; *subj. pron.* subject pronoun.

a to; at; for; from; at a distance of; **a casa** home; **a menos que** unless; **a eso de** at around (*time of day*); **a tiempo** on time; **a veces** at times, sometimes; **A ver** Let's see

el **abalorio** bead necklace; showy article of little value

abandonar to abandon

abierto(-a) open

el, la **abogado(-a)** lawyer

aborrecer to hate, to abhor

abrazar to hug, embrace

el **abrazo** hug, embrace

el **abrigo** overcoat; **Ponte el abrigo** Put on your coat

abril April

abrir to open

absorto(-a) absorbed, engrossed

abstracto(-a) abstract

la **abuela** grandmother

el **abuelo** grandfather; (*pl.*) grandparents

abundante plentiful; large

aburrido(-a) bored; boring

acá here

acabar to finish, end; **acabar de** (+ *inf.*) to have just (*done something*)

acceder to accede, to agree

el **accidente** accident

la **acción** action

aceptar to accept

aclamar to acclaim
acogedor warm, appealing
acompañar to accompany, go with
la **aconitina** aconitine
el **acontecimiento** event, incident
acostar(>ue) to put to bed; **acostarse** to go to bed
acostumbrarse (a) to get used (to), become accustomed (to)
la **actividad** activity
activo(-a) active
el **acto** act
el **actor** actor
la **actriz** actress
actual of the present
actualmente presently
acuático(-a) aquatic, water
el **acuerdo** agreement; **de acuerdo** agreed, all right, okay; **de acuerdo con** in agreement with; **estar (ponerse) de acuerdo (con)** to agree (with)
acurrucado(-a) curled up
el **ademán** expression, look; gesture, movement (*of the hands*)
además besides, moreover; **además de** in addition to
adentro inside
adicto(-a) addicted
el **adiós** good-by
adivinar to guess
el, la **admirador(-a)** admirer
admirar to admire

la **adolescencia** adolescence
adonde (to) where, wherever
¿adónde? (to) where?
adornar to adorn, decorate
el **adorno** decoration
la **aduana** customs, customs house
adueñarse to take possession of
el, la **adulto(-a)** adult
advertir to notice, to advise, to inform
el **aeropuerto** airport
afectar affect
afeitar(se) to shave
el, la **aficionado(-a)** fan
afuera outside
agacharse to stoop
agarrar to grab
la **agencia** agency; **agencia de viajes** travel agency
el, la **agente** agent; **agente de viajes** travel agent
agónico(-a) moribund, dying
agosto August
agradable (*adj.*) pleasant
agradecer(>zc) to thank
agregar to add
la **agricultura** agriculture
el **agua** (*f.*) water
aguantar to put up with
ahí there
ahogado(-a) drowned
el **ahogo** breathing trouble; distress
ahora now; **ahora mismo** right now; **por ahora** for now
ahorrar to save (*time, money, etc.*)

el **ahorro** saving
el **aire** air; look, appearance; **aire de familia** family likeness
¡**ajá!** aha!
el **ajedrez** chess
al (*contr. of* **a** + **el**); (**al** + *inf.*) on, upon . . . -ing; (**al** + *time expression*) per; ¡**Al contrario!** On the contrary!
el **ala** (*f.*) wing
alcanzar to reach; to catch up
la **alcoba** bedroom
alegrarse (de) to be glad, happy (to)
alegre (*adj.*) happy
alegremente happily
la **alegría** joy, happiness
alejar(se) to move away
la **alfombra** rug, carpet
algo something, anything; ¿**Algo más?** Anything else?
alguien someone
algún, alguno(-a) some, any; some sort of; (*pl.*) some, a few; some people; **alguna vez** ever, at some time; ¿**alguna buena acción?** some good deed?
alimentar to feed
el **alimento** food
aliviar to give relief
el **alivio** relief
el **almendro** almond tree
el **almacén** store
el **almíbar** syrup
aliviado(-a) relieved

almorzar(>ue) to have lunch
el **almuerzo** lunch (*the main meal in most Hispanic countries*)
aló hello
el **alojamiento** accommodation, lodging
alquilar to rent
el **alquiler** rent
alrededor de around
la **altivez** arrogance
alto(-a) high; tall; upper; loud; **clase alta** upper class; **en voz alta** out loud
aludir to allude
alumbrar to illuminate, to light up
allá there
allí there
la **amabilidad** kindness
amable kind, nice
el **amanecer** dawn, daybreak
el, la **amante** lover; mistress
amar to love
amargar to embitter
amargo(-a) bitter
amarillo(-a) yellow
ambicionar to aspire to; to seek
el **ambiente** atmosphere
el, la **amigo(-a)** friend
la **amistad** friendship
el, la **amo(-a)** boss
el **amor** love
el **amorío** affair
anaranjado(-a) orange
andar to walk; to go about; to run, work; **andar en bicicleta** to ride a bicycle

el **ángel**   angel
la **angustia**   anguish
el **anillo**   ring
el **animal**   animal
   animar   to encourage
el **aniversario**   anniversary
   anoche   last night
el **anochecer**   nightfall
   anonadar   to overwhelm
la **anotación**   note; jotting
   down
   anotar   to make a note of;
   to put down
   ansiar   to long for, to
   yearn for
   ansioso(-a)   anxious,
   nervous
el, la **antepasado(-a)**   ancestor
el **anteojo**   telescope; (pl.)
   eyeglasses
   anterior   (adj.) former;
   previous; **anterior a**
   before; **muy anterior a**
   much earlier than
   antes   before; first; **antes
   de**   before; **antes (de)
   que**   before
   antiguo(-a)   antique, old,
   ancient; (before the
   noun) former
la **antropología**   anthropology
el, la **antropólogo(-a)**
   anthropologist
   anunciar   to announce
el **año**   year; **Año Nuevo**
   New Year's; **el año
   que viene**   next year;
   tener...años   to be . . .
   years old; **todos los años**
   every year
   apagar   to turn off
   aparentemente   apparently
el **apartamento**   apartment

apartar   to take away, to
   move away; to remove
apenas   as soon as;
   hardly
el **apetito**   appetite;
   appetence
apetitoso(-a)   appetizing,
   savory, palatable
aplaudir   to applaud, to
   clap
aplicarse   to apply
   oneself
apoyar   to support; to
   hold up
el **apoyo**   support
aprender (a)   to learn (to)
apresurarse   to hurry up
aproximadamente
   approximately
el **apunte**   note; **tomar
   apuntes**   to take notes
apurado(-a)   hurried
aquel, aquella   (adj.) that;
   aquél, aquélla   (pron.)
   that (one)
aquello   (pron.) that
aquellos, aquellas   (adj.)
   those; **aquéllos,
   aquéllas**   (pron.) those
aquí   here; **por aquí**   this
   way, over here, around
   here
el, la **árabe**   Arab; Arabic
el **árbol**   tree
el **arco**   arch; bow
arder   to burn
el **ardor**   burning sensation
la **arena**   sand; **arena
   fina**   fine sand
argentino(-a)   Argentine,
   Argentinean
la **argolla**   ring; **argolla de
   hierro**   iron ring

Ariadna Ariadne, King
   Minos' daughter, who
   gave Theseus the thread
   by which he found his
   way out of the labyrinth
el **arma** (*f.*) arm, weapon
el, la **arquitecto(-a)** architect
la **arquitectura** architecture
   arrancar to yank
   arreglar to fix, arrange,
   to get in order;
      arreglarse to be okay,
      turn out all right
   arriba (de) above, over
   arrojar to throw;
      arrojarse to throw
      oneself; **arrojarse a los
      pies** to throw oneself
      at someone's feet
el **arroyo** stream; **al borde
   de un arroyo** on the
   bank of a stream
el **arroz** rice
el **arte** (*pl.* **las artes**) art;
   bellas artes fine arts;
   obra de arte work of art
el **artículo** article
el, la **artista** artist; actor
   (actress)
   artístico(-a) artistic
el **arzobispado** archbishopric
el **arzobispo** archbishop
   arraigado(-a) deep-
   rooted
el **arranque** fit
   asar to roast
   asegurar to reassure
   asentir to agree
el, la **asesino(-a)** killer,
   assassin
   así thus, so, in this way,
   like that; **Así es** That's
   right, That's the way it

is; (**Así es** + n.) That's
   . . .; **así que** so
el **asiento** seat
   asistir (a) to attend
   asociar to associate
   asomarse to lean out
   asombrador(-a) amazing;
   stupefying
   asombrar(se) to surprise
el **aspecto** aspect;
   appearance
la **aspirina** aspirin
el **asunto** matter; business
   asustado(-a) frightened,
   startled
   asustar to frighten, to
   alarm
   atacar to attack
   atar to tie
   atender to attend to;
   atender el teléfono to
   answer the phone
   aterrar to terrify
   atinar to hit upon; **atinar
   a** to succeed in
el, la **atleta** athlete
   atrapar to catch, trap
   atrás behind
   atreverse to dare
el **atrevimiento** boldness,
   daring; **¡Qué
   atrevimiento!** What
   audacity!
   atronar to boom
   aumentar to gain
   (weight), to increase
   aún even, still
   aunque although, even
   though; **aunque sea
   uno(-a)** even one
la **ausencia** absence
   auténtico(-a) authentic,
   genuine

el **auto** auto; **en auto** by car

el **autobús** bus; **en autobús** by bus

el **automóvil** automobile

el, la **autor(-a)** author

avanzar to advance

la **avellana** hazelnut

la **avenida** avenue

la **aventura** adventure

avergonzado(-a) embarassed, ashamed

el **avión** airplane; **en avión** by plane

avisar to warn

¡Ay! Oh!

ayer yesterday

la **ayuda** help

ayudar (a) to help (to), to assist; **me gustaría mucho ayudarla** I would like very much to help you

azotar to beat

la **azotea** flat roof

el **azúcar** sugar

azul (adj.) blue

bailar to dance

el **baile** dance

bajar (de) to get off

bajo(-a) low; short; (prep.) under; (adv.) beneath, under

balancearse to sway

el **balcón** balcony

la **baldosa** tile

el **banco** bench, bank

el, la **bandido(-a)** bandit

bañar(se) to take a bath; to bathe oneself

el **baño** bath; bathroom; **cuarto de baño** bathroom

barato(-a) inexpensive, cheap

el **barco** ship, boat

la **barbaridad** barbarism; **¡Qué barbaridad!** Good Lord!

el **barrio** neighborhood, district, community

la **base** base

básicamente basically

básico(-a) basic

¡Basta! That's enough!

bastante (adj.) enough; quite a bit; (adv.) rather, quite

bastar(se) to be sufficient for oneself

la **basura** garbage, trash; **el canasto de basura** wastebasket

beber to drink

la **bebida** drink, beverage

el, la **bellaco(-a)** deceitful; sly, cunning; rogue

la **belleza** beauty

bello(-a) beautiful; **bellísimo(-a)** very beautiful

besar to kiss; **besarse** to kiss each other

el **beso** kiss

la **biblioteca** library

la **bicicleta** bicycle; **en bicicleta** by bicycle

el **bicho** bug

el **bien** good

bien well, fine, all right, okay; good; **¡Qué bien!** Great!; **bien educado(-a)** well-mannered

la **bienvenida** welcome; **dar
la bienvenida** to
welcome
bienvenido(-a) welcome
el **billete** bill; ticket
la **billetera** billfold
la **bioquímica** biochemistry
blanco(-a) white;
Caucasian
la **blusa** blouse
la **boca** mouth
la **boda** wedding
el **boleto** ticket
la **bolsa** purse; bag; **bolsa
de labor** sewing basket
el **bolsillo** pocket
el **bolso** purse
el **bombero** fireman
la **bondad** kindness
bonito(-a) pretty
el **borde** edge; **al borde del
colapso** on the edge of
collapse
la **bota** leather wine bag;
boot
el **brazo** arm
breve (*adj.*) brief, short
brillante (*adj.*) brilliant,
bright; **brillantísimo(-a)**
very bright
el **brillo** sparkle; brightness
brindar to toast
la **brisa** breeze
la **broma** prank
bromear to joke
bronco(-a) rough, coarse
el, la **brujo(-a)** sorcerer, witch
brusco(-a) abrupt,
brusque; **bruscamente**
abruptly
el, la **bruto(-a)** brute;
ignoramus
buen, bueno good, kind;

well, okay, all right;
Buenas noches Good
evening. Good night;
Buenas tardes Good
afternoon; Good
evening.; **Buenos
días** Good morning,
Good day; **¡Buen
viaje!** Have a good
trip!; **Muy buenas**
Good afternoon; Good
evening.; **¡Qué bueno!**
Great! How nice!
la **burla** gibe, jeer;
haciéndoles burla
making fun of them
burlarse to make fun of
buscar to look (for),
search

el **cabello** hair
la **cabeza** head; **el dolor de
cabeza** headache
el **cabo** end, stub, stump; **al
cabo de** after, in
la **cacha** handle; **cacha de
cristal** glass handle
cada (*adj.*) each, every;
cada día más more
every day; **cada vez
más** more and more
caer(se) to fall, to fall
down; **dejarse caer** to
plop down
el **café** coffee, café; **café con
leche** coffee prepared
with hot milk
la **cafetería** cafeteria
la **caja** case, box
el **calendario** calendar
la **calidad** quality
cálido(-a) warm

calmar to calm;
calmarse to calm
oneself; **¡Cálmate!**
Calm down! Relax!

el **calor** heat, warmth;
hacer calor to be hot
(weather); **¡Qué calor!**
It sure is hot!; **tener
calor** to be (feel) hot

el **calorcillo** heat; warmth

calzar to wear shoes; to
put one's shoes on

la **calle** street

el **callejón** alley

la **cama** bed; **el coche-cama**
Pullman (*sleeping car*)

la **cámara** camera

el, la **camarero(-a)** waiter
(waitress)

cambiar to change; to
exchange

el **cambio** change; **en
cambio** on the other hand

caminar to walk

el **camino** road, way; **el
camino de** the road to;
por este camino on
this street

la **camisa** shirt

el **campo** country,
countryside

el, la **canasto(-a)** basket;
canasto de papeles
wastebasket

la **canción** song

el **candelabro** candelabra

el, la **candidato(-a)** candidate

cansado(-a) tired

el **cansancio** tiredness,
weariness

cantar to sing

el **capelo** cardinal's hat

capaz (*adj.*) capable

la **capital** capital

el **capítulo** chapter

la **cara** face; **cara
larga** long face

el **carácter** character
¡Caramba! Wow! Good
grief!; Goodness me!

la **cárcel** jail

el **cardenalato** cardinalship

el **(Mar) Caribe** Caribbean
(Sea)

cariñoso(-a) loving, tender

la **carne** meat

el, la **carnicero(-a)** butcher

caro(-a) expensive

la **carta** letter; playing card

la **carrera** race; **carrera de
caballos** horse race

el **carrete** spool

la **casa** house, home; **en
casa** at home; **en casa
de** at (someone's) house

casarse (con) to marry, to
get married (to)

casi almost

el **caso** case; **en caso (de)
que** in case

la **casualidad** coincidence,
chance; **por casualidad**
by coincidence

la **catedral** cathedral

católico(-a) Catholic

catorce fourteen

la **causa** cause; **a causa
de** because of

causar to cause

la **celda** cell

la **celebración** celebration

celebrar to celebrate;
celebrarse to be
celebrated; to take place

el **celos** jealousy; **tener celos
de** to be jealous of

la **cena**   dinner
cenar   to dine, to have dinner
la **ceniza**   ash
el **centavo**   cent
central   central, main; la **América Central** Central America
el **centro**   center; downtown
cerca   near, nearby; **cerca de**   near, close to
el **cerebro**   brain
la **ceremonia**   ceremony
cerrado(-a)   closed
cerrar(>ie)   to close
la **cerveza**   beer
el **cielo**   sky, heaven
cien, ciento   one hundred; **por ciento**   percent
la **ciencia**   science
la **ciencia-ficción**   science fiction
el **cieno**   mud
el, la **científico(-a)**   scientist
cierto(-a)   true, right, correct; (a) certain
el **cigarrillo**   cigarette
el **cigarro**   cigar
cinco   five
cincuenta   fifty
el **cine**   movies; movie theater
la **cita**   date, appointment; **tener una cita**   to have a date
citar   to arrange to meet, to make an appointment with
la **ciudad**   city
el, la **ciudadano(-a)**   citizen
la **civilización**   civilization
civilizado(-a)   civilized
claramente   (*adv.*) clearly

claro(-a)   clear; **Claro**   Of course; **Claro que...**   Of course . . . ; **claro de la selva**   clearing in the jungle
la **clase**   class; kind; **clase alta**   upper class; **clase media**   middle class; **(de) toda clase**   (of) every kind
clásico(-a)   classical
la **clarividencia**   clairvoyance
el, la **cliente**   customer
el **clima**   climate
el **club**   club
el **cobayo**   guinea pig
cocer   to cook
la **cocina**   kitchen
cocinar   to cook
el **coctel**   cocktail
el **coche**   car
el **coche-cama**   sleeping car
el **cochero**   coachman
la **codicia**   covetousness
coger   to pick up
la **coincidencia**   coincidence
la **cola**   tail
el **colapso**   collapse
la **colección**   collection
colgar   to hang; **colgar el teléfono**   to hang up the phone
colombiano(-a) Colombian
la **colonia**   colony
la **colonización** colonization
el **color**   color; ¿**de qué color es...?**   what color is . . . ?; **el color claro le sentaría**   light colors would look good on you

colorado(-a) red; ruddy
colosal (adj.) colossal
la **columna** column
el **collar** necklace
la **combinación**
combination
el **comedor** dining room
comentar to comment
comer to eat
comercial (adj.)
commercial
el, la **comerciante** business
person
el **comercio** business
los **comestibles** groceries
cómico(-a) funny
la **comida** food; meal;
dinner
como (adv.) as; like, such
as; how; (conj.) since, as
long as; **cómo** how (to);
como si as if; **tan...
como** as ... as; **tanto...
como** as much ... as
¿cómo? (¡cómo!) how?
(how!); what? what did
you say? what is it?;
¿Cómo es (son)...?
What is (are)? **¡Cómo
no!** Of course!; **¿Cómo
se llama usted?** What
is your name?
cómodo(-a) comfortable
(said of things)
el **compadre** godfather of
one's child, close friend
el, la **compañero(-a)**
companion; **compañero
de clase** classmate;
**compañero de
cuarto** roommate
la **compañía** company
complacer to please

completamente
completely
completo(-a) complete
la **composición**
composition
comprar to buy
la **compra** buy, purchase; **ir
de compras** to go
shopping
comprender to
understand; **como
dándole a comprender**
as though explaining to
him
comprometedor(-a)
incriminating
común (adj.) common,
usual, ordinary; **en
común** in common
la **comunicación**
communication
con with; **con
cuidado** carefully; **con
el nombre de** by the
name of; **con tal de
que** provided that
el **concepto** concept
el **concierto** concert
la **condición** condition;
circumstance;
condiciones físicas
physical condition
conducir(>zc) to drive
el, la **conductor(-a)** driver
la **conferencia** conference;
lecture
la **confidencia** secret; **hacer
confidencias** to confide
in someone
la **confusión** confusion
conmigo with me
conocer(>zc) to know,
be acquainted with; to

meet, to get acquainted with

conocido(-a) known, well-known, **más conocido(-a)** better known

la **conquista** conquest

el, la **conquistador(-a)** conqueror, Spanish conquistador

conquistar to conquer

el **consejo** advice

conservar to conserve

considerar to consider

consigo with him, with her, with you, with them

la **construcción** construction; **está en construcción** is under construction

construido(-a) built, constructed

construir to build, to construct

el **consuelo** consolation; joy, comfort

consultar to consult

la **contaminación** pollution

contaminado(-a) polluted

contar(>ue) to tell, to relate

contento(-a) happy, content, pleased

contestar to answer

contigo with you (*fam. sing.*)

el **continente** continent

contra against

la **contradicción** contradiction

contrariar to annoy, to upset

contrario(-a) opposite; **¡Al contrario!** On the contrary!

la **contribución** contribution

contribuir to contribute

el **control** control; **control de la natalidad** birth control

controlar to control

convencer to convince

la **conversación** conversation

conversar to converse, to chat

convertir(se) to become

convidar to invite

el **coñac** brandy, cognac

cooperar to cooperate

la **copa** cup; **tomar una copa** to have a drink

coquetear to flirt

el **corazón** heart; **de todo corazón** wholeheartedly; **el corazón al galope** with his (her) heart pounding; **me hizo saltar el corazón** he (she) made my heart skip a beat

la **corbata** tie

el **cordero** lamb; **tan suave como un cordero** as gentle as a lamb

correctamente correctly

correcto(-a) right, correct

el **correo** mail; post office; **correo aéreo** air mail

correr to run

corresponder (a) to correspond to

corriente ordinary,
   regular; commonplace;
   llevar la corriente to
   go along with
cortar to cut; **corta**
   hangs up (the phone)
cortés (*adj.*) polite
corto(-a) short, brief
la **cosa** thing
coser to sew
los **cosméticos** cosmetics
la **costa** coast
Costanera Avenue in
   Buenos Aires, Argentina
costar(>ue) to cost
el **costado** side; **de
   costado** on one's side
la **costumbre** custom, habit;
   es costumbre it's the
   custom; **como de
   costumbre** as usual
crear to create
el **crédito** credit
creer to believe, to think;
   creo que sí I think so;
   ¡Ya lo creo! That's for
   sure!
el, la **criado(-a)** servant
el **crimen** crime; (*pl.*) **los
   crímenes**
el, la **criminal** criminal
criticar to criticize
la **cruz** cross
el **cuaderno** notebook
la **cuadra** city block
el **cuadro** picture, painting
¿cuál? ¿cuáles? which?
   which one(s)? what?
la **cualidad** quality,
   characteristic
cualquier, cualquiera any
cuando when, whenever
¿cuándo? when?

cuanto, en cuanto as
   soon as; **unos cuantos**
   a few
¿cuánto? how much?;
   ¿A cuánto están...?
   How much are . . . ?;
   ¿(por) cuánto tiempo?
   how long?; **¿Cuánto
   tiempo hace que...?** For
   how long . . .?
¿cuántos? how many?
   ¿Cuántos años tiene...?
   How old is . . . ?
cuarenta forty
el **cuarto** room; quarter;
   (*adj.*) fourth; quarter; **las
   seis y cuarto** six-fifteen
cubierto(-a) (de) covered
   (with, by)
cubrir to cover
el **cuello** neck
la **cuenta** check
el **cuentagotas** dropper
el **cuento** story
el **cuero** hide, skin
el **cuerpo** body
la **cuestión** question, issue
el **cuidado** care; **con
   cuidado** carefully;
   ¡Cuidado! Beware!;
   ¡Cuidado (con...)! Look
   out (for . . .)!; **tener
   cuidado (con)** to be
   careful (of, about)
cuidar to take care of;
   cuidarse to take care of
   oneself
la **culpa** fault, blame
culto(-a) educated
la **cultura** culture
el **cumpleaños** birthday
la **cuna** cradle; **le falta
   cuna** lacks lineage

el, la **cuñado(-a)** brother-in-law, (sister-in-law)

la **cura** cure

curar to cure, heal

curiosear to nose about

curioso(-a) curious

el **curso** course

cuyo(-a) (*rel. poss. adj.*) whose

la **chalina** scarf

el **champaña** champagne

chapotear to splash

Chapultepec suburb southwest of Mexico City, site of a palace and park

el **cheque** check; **cheque de viajero** traveler's check

la **chica** girl

el **chico** boy, guy; (*pl.*) kids

el **chinchorro** Indian hammock, net

la **chispa** spark

¡Chist! Ssh! Hush!

el **chiste** joke

chocar to hit; to run into

el **chocolate** chocolate

la **choza** hut

la **dama** lady; queen (*in chess*)

dar to give; **dar a** to face; **dar las gracias** to thank; **dar un paseo** to take a walk; **dar pena** to feel sorry; **darse cuenta de** to realize; **darse por vencido** to give up; **darse prisa** to be in a hurry

de of; from; about; in (*after a superlative*); by; made of; as; with; **de nada** you're welcome; **de veras** really; **más de** more than (*before a number*)

el **deán** Dean, presiding official of a cathedral

debatirse to struggle; **debatiéndose** struggling

deber must, have to, ought to, should; to be supposed to; to owe, duty

los **deberes** homework

débil (*adj.*) weak

el **decanazgo** deanship

decente (*adj.*) decent, decent-looking

decidido(-a) determined, resolute

decidir to decide

decir(>i) to say, tell; **¿Cómo se dice...?** How does one say . . . ?; **¡No me digas!** You don't say!; **querer decir** to mean

decorar to decorate

dedicar to dedicate; **dedicarse (a)** to devote oneself to

defender(>ie) to defend

la **defunción** demise; **certificado de defunción** death certificate

dejar to leave, to let, to allow; **dejar de** to stop, to cease

del *contr. of* **de** + **el**

delgado(-a) thin; slender

delicado(-a) delicate

delicioso(-a) delicious
demás (*adj. pron.*) other,
rest of the; **todo lo
demás** everything else;
por lo demás
furthermore
demasiado(-a) too, too
much; (*pl.*) too many
el **demonio** demon, devil;
¡Demonios! Hell!
demostrar to show, to
prove; to demonstrate
el, la **dentista** dentist
dentro de in, within,
inside (of)
el **departamento**
compartment
el, la **dependiente** salesperson
el **deporte** sport; **praticar
un deporte** to go in for
a sport
deportivo(-a) (*related to*)
sports
deprimido(-a) depressed
la **derecha** right; **a la
derecha** to (on) the right
el **derecho** right; privilege;
(*adj.*) straight
derivar to derive
derrochado(-a)
squandered
el **desamparo** helplessness
desanimar(se) to be
discouraged
desayunar to have (for)
breakfast
el **desayuno** breakfast
descansar to rest
descarado(-a) impudent
descender(>ie) to
descend, to go down;
desciende el telón the
curtain falls

el, la **descendiente** descendant
desconfiar to distrust
el, la **desconforme**
nonconformist
el, la **desconocido(-a)** stranger
descortés (*adj.*)
discourteous, impolite
describir to describe
descubrir to discover
desde from; since ¿**desde
cuándo?** how long?
since when?; **desde hace
(hacía)** for; **desde hace
años** for years; **desde...
hasta** from ... to
el **desdén** contempt
desear to wish (for), to
want, to desire
el **desempleo**
unemployment
el **deseo** wish
el **desfile** parade
desgarrador(-a)
heartrending, heartbreaking
deshacer(se) to get rid of
(*someone or something*)
el **desierto** desert; (*adj.*)
desert
desilusionado(-a)
disappointed
deslizar to slide oneself
despacio slowly
despachar to dismiss
la **despedida** farewell, leave
taking
despedir to see out
despertar(>ie) to awaken
(someone);
despertarse to wake up
despierto(-a) awake, alert
despojar to strip
despreciar to look down
on, scorn

después afterwards, then, later; **después de** after; **después (de) que** after; **poco después** a short time after(wards)

destellar to sparkle

el, la **detective** detective

detener to hold back, stop

determinar to determine; **había determinado** he, she had decided

detrás de behind

la **deuda** debt

devoto(-a) devout

el **día** day; **al día** per day; **al otro día** the next day; **Buenos días** Good morning, Good day; **cada día más** more every day; **de día** by day; **día de fiesta** holiday; **día de semana** weekday; **hoy día** nowadays; **todos los días** every day

el, la **diablo(-a)** devil

el **diálogo** dialogue

diario(-a) daily; **el diario** newspaper

el **diccionario** dictionary

diciembre December

el, la **dictador(a)** dictator

la **dictadura** dictatorship

dichoso(-a) happy, content; **¡Ese dichoso veneno!** that blasted poison!

el **diente** tooth

la **diferencia** difference

diferente (a) (*adj.*) different (from)

difícil (*adj.*) hard, difficult

la **dificultad** difficulty

el **dinero** money

el **dios** god; **Dios** God; **¡Dios mío!** My goodness! Good grief!

la **diplomacia** diplomacy

la **dirección** direction; address

directamente directly

directo(-a) direct

dirigir(se) (a) to address, to speak to; to go towards

la **disciplina** discipline

la **discriminación** discrimination

la **disculpa** apology

disculpar(se) to apologize

el **discurso** speech

la **discusión** discussion

discutir to discuss, to debate

el **disparo** shot

disponer to get ready; **disponerse a** to prepare to

la **distinción** distinction

distinto(-a) different

distraído(-a) absent-minded

divertir to amuse, to entertain; **divertirse** (>ie) to have a good time, to enjoy oneself

divorciarse to get divorced

el **divorcio** divorce

doblar to turn

doble (*adj.*) double

doce twelve

la **docena** dozen

el, la **doctor(-a)** doctor

doctorar to get a doctorate

el **dólar** dollar

la **dolencia** ailment

doler(>ue) to ache, to hurt

el **dolor** pain, ache; suffering; sorrow; **dolor de cabeza** headache; **dolor de estómago** stomachache

dominador(-a) dominating

domingo Sunday

don, doña titles of respect or affection used before a first name

donde where, wherever

¿dónde? where?

dorado(-a) golden

dormido(-a) asleep

dormir(>ue) to sleep; **dormir la siesta** to take a nap after lunch

el **dormitorio** bedroom

dos two

dotado(-a) de endowed with

el **drama** drama

dramático(-a) dramatic

la **droga** drug

la **duda** doubt; **sin duda** undoubtedly, without a doubt

dudar to doubt; **no se duda** one does not doubt

el, la **dueño(-a)** owner, master (mistress)

dulce (adj.) sweet

durante during; for

durar to last

e and (replaces **y** before words beginning with **i** or **hi**)

la **economía** economy; economics

económico(-a) economic

echar to throw; **echar a volar** to take a flight; **echar al canasto** to throw in the wastebasket; **echar mano a la billetera** to reach for the billfold; **echar una mirada** to look around

la **edad** age; **¿Qué edad tiene...?** How old is . . . ?

el **edificio** building

la **educación** education; upbringing

el **efecto** effect

eficaz (adj.) efficient

el **egoísmo** selfishness, egotism

egoísta selfish

el **ejemplo** example; **por ejemplo** for example

el **ejercicio** exercise

el the (m. sing.); **el de** that of; **el que** the one that

él (subj.) he; (obj. of prep.) him, it; **de él** (of) his

la **elección** election

eléctrico(-a) electric, electrical

la **elegancia** elegance

elegante elegant; stylish

elegir to choose, elect

el **elemento** element

ella (*subj.*) she; (*obj. of prep.*) her, it; **de ella** her, (of) hers

ellos, ellas (*subj.*) they, (*obj. of prep.*) them; **de ellos (ellas)** their, (of) theirs

el, la **embajador(-a)** ambassador, ambassadress

embarazada (*adj.*) pregnant

embargo: sin embargo however

embobado(-a) fascinated

el **embotamiento** dullness

la **emergencia** emergency

emocionante exciting

el **emperador** emperor

la **emperatriz** empress

empezar(>ie) (a) to start (to) to begin (to)

el, la **empleado(-a)** employee

emplear to use; to employ

el **empleo** employment; job

empujar to push

en in; into; on; at; **en casa** at home; **en punto** on the dot; **en realidad** in reality, actually; **en seguida** at once; **en serio** seriously; **en sordina** softly; **en vez de** instead of; **pensar en** to think about

enamorarse (de) to fall in love (with); **enamorado(-a)** to be in love

encantar to delight; **me**

encanta... I love . . .

encantador(-a) delightful, charming

encargar to order

encender to turn on

encerrado(-a) locked up

encerrar to lock up

encoger to shrink; to contact

la **encomienda** assignment, **la encomienda postal** parcel post

encontrar(>ue) to find; to meet; **encontrarse (con)** to meet, to come across

el **encuentro** encounter

enderezar(se) to straighten (out, up)

el, la **enemigo(-a)** enemy

la **energía** energy

enero January

enfadar(se) to anger

enfermarse to get sick

la **enfermedad** illness

el, la **enfermero(-a)** nurse

enfermo(-a) ill

enfrente (de) in front (of), opposite; **de enfrente** across the hall

el **enfriamiento** cooling

engañar to deceive

enmarcar to frame

enojado(-a) angry

enojarse to become angry, to get mad

el **enojo** anger

enorme (*adj.*) enormous

enroscar to screw in; **enroscarse** to coil

la **ensalada** salad

la **enseñanza** teaching

enseñar to teach; to
show
el **ensueño** daydream
entender(>ie) to
understand
enterado(-a) aware
entero(-a) entire
entonces then; in that
case
entornado(-a) ajar
entornar to half-close; to
leave ajar
la **entrada** admission ticket
entrar (a) (en) to enter,
to go in
entre between; among;
entre sí among
themselves
entrenado(-a) trained
entretener(se) to amuse
(oneself)
la **entrevista** interview
entristecer to sadden; to
make sad
entumecido(-a) numb
envejecer to age
enviar to send
envidiar to envy
el **envoltorio** bundle
la **época** period, era, epoch,
time
el **equipaje** luggage
el **equivalente** equivalent
equivocado(-a) wrong;
estar equivocado to be
mistaken
el **error** error, mistake
la **escala** scale; ladder
escalar to scale
la **escalera** stairway
la **escama** scale
el **escándalo** scandal,
disgrace

la **escapatoria** way out
la **escena** scene
la **escoba** broom
esconder to hide; **a
escondidas** secretly
la **escotilla** hatch way, door
escribir to write
el, la **escritor(-a)** writer
la **escritura** writing
escuchar to listen (to)
el **escudero** squire
la **escuela** school
la **escultura** sculpture
ese, esa (adj.) that; **ése,
ésa** (pron.) that (one)
esencial essential
el **esfuerzo** effort
eso (pron.) that; **a eso
de** at around (time of
day); **por eso** that's
why, for that reason; **eso
sí** you are right about
that
esos, esas (adj.) those;
ésos, ésas (pron.) those
el **espacio** space
la **espalda** back
espantoso(-a) terrifying
España Spain
español Spanish;
Spaniard
especial special
la **especialidad** specialty
especialmente especially
el **espectáculo** spectacle,
pageant, show
el, la **espectador(-a)** spectator
el **espejo** mirror
la **espera** wait; **estar a la
espera** to be waiting
la **esperanza** hope
esperar to wait (for); to
hope; to expect

espiar to spy
espléndido(-a) splendid
la **esposa** wife
el **esposo** husband;
esposos husband and wife
el **esquí** skiing
esquiar to ski
la **esquina** corner
establecer(>zc) to establish; to plant
la **estación** season
la **estadística** statistics
el **estado** state; **los Estados Unidos** the United States
estar to be (*in a certain place, condition or position*); to be in (*at home, in the office, etc.*)
la **estatua** statue
este, esta (*adj.*) this; **éste, ésta** (*pron.*) this (one)
el **este** east
el **estilo** style, fashion; **al estilo de** in the style of
estilizado(-a) streamlined, slender
estirar to stretch, to extend
esto(-a) (*pron.*) this
el **estómago** stomach; **el dolor de estómago** stomachache
estornudar to sneeze
el **estornudo** sneeze
estos, estas (*adj.*) these; **éstos, éstas** (*pron.*) these
estrafalario(-a) odd, extravagant
la **estrechez** confinement
estrecho(-a) narrow, close

la **estrella** star
estrepitosamente noisily; **sonándose estrepitosamente** blowing (his nose) loudly
estricto(-a) strict
la **estructura** structure
el, la **estudiante** student
estudiantil (*adj.*) student
estudiar to study; **estudiar para** to study to be
el **estudio** study
estupendo(-a) wonderful, great
estúpido(-a) stupid
etcétera et cetera
eterno(-a) eternal
Europa Europe
europeo(-a) European
la **evaluación** evaluation
evidente (*adj.*) evident
exactamente exactly
exacto(-a) exact; **¡Exacto!** That's right! Exactly!
el **examen** (*pl.* los **exámenes**) examination, test
excelente (*adj.*) excellent
la **excepción** exception
excepto except
la **excursión** excursion, trip
el, la **exilado(-a)** exile (*person*)
existir to exist
el **éxito** success
la **experiencia** experience
experimentado(-a) experienced
la **explicación** explanation
explicar to explain
el, la **explorador(-a)** explorer
la **explosión** explosion
la **exposición** exhibit

la **expresión** expression
externo(-a) external
el, la **extranjero(-a)** foreigner
extrañar to surprise;
**extrañado(-a) por su
tono** surprised by his
tone (of voice); to miss
extraño(-a) strange
extraordinariamente
extraordinarily
extremo(-a) extreme

fabuloso(-a) fabulous;
terrific
fácil (*adj.*) easy
fácilmente (*adv.*) easily
la **facultad** school, college
la **falda** skirt
falso(-a) false
fallecer to die
la **familia** family
famoso(-a) famous
el **fantasma** ghost
el **farmacéutico** pharmacist
la **farmacia** drugstore,
pharmacy
el **farol** lantern;
farolito small lantern
fascinante (*adj.*) fascinating
fascinar to fascinate
la **fatiga** fatigue
el **favor** favor; **Hágame el
favor de...** please . . .;
por favor please
favorito(-a) favorite
febrero February
la **fecha** date; day
¡Felicitaciones!
Congratulations!
feliz happy
el **fenómeno** phenomenon
el **ferrocarril** railroad

festejar to celebrate, to
honor
la **festividad** festivity;
holiday
la **fiebre** fever
fiel (*adj.*) faithful
la **fiesta** feast; party;
holiday; **día de
fiesta** holiday
la **figura** figure
figurar to imagine
la **figurilla** small figure
fijo(-a) fixed; **precio
fijo** fixed price
el **fin** end; **al fin** finally;
en fin in conclusion;
fin de semana
weekend; **poner fin a**
to put an end to; **por fin**
finally
finalmente finally
fingir to feign, to pretend
físico(-a) physical
flamenco flamenco
(referring to Andalusian
gypsy music, song, and
dance); **el flamenco**
flamingo
el **flan** custard
la **flor** flower
el **florero** (flower) vase
el **foco** spotlight
la **fonda** small restaurant
el **fondo** bottom
la **forma** form
la **formación** formation
formar to form
formidable (*adj.*) superb
la **fortuna** fortune
la **foto** photo
la **fotografía** photograph
el, la **fotógrafo(-a)**
photographer

francamente frankly
el **frasco** small bottle
la **frecuencia** frequency;
  con frecuencia
  frequently
  frecuente (*adj.*) frequent
  frecuentemente frequently
  fresco(-a) fresh; cool;
    hacer fresco to be cool
    (*weather*); **un alojamiento
    muy fresco** a very
    cool room
el **frío** cold; **hacer frío** to
  be cool (*weather*); **tener
  frío** to be (feel) cold
  frito(-a) fried
la **fruta** fruit; (*pl.*) fruit
el **fuego** fire; **fuegos
  artificiales** fireworks
  fuera outside
  fuerte (*adj.*) strong
la **fuerza** (*pl.*) forces;
  fuerzas armadas
  armed forces
  fulminar to strike down;
  fulminar con la mirada
  to look daggers at
  fumar to smoke
  funcionar to function, to
  work, to run
  fundar to found
  furioso(-a) (*adj.*) furious
el **furor** fury, rage
el **futuro** future; (*adj.*)
  future

el **gabinete** study;
  laboratory room
el **galardón** reward
el **galope** gallop; **al galope**
  at a gallop

la **gana** desire, wish; **tener
  ganas** to feel like, to
  want
el, la **ganador(-a)** winner
  ganar to make, to earn;
  to win; to gain; **ganar el
  pan** to earn a living
el **garaje** garage
la **garganta** throat
la **gasa** gauze
  gastar to spend
el **gasto** expense
el, la **gato(-a)** cat
la **generación** generation
el **general** general; (*adj.*)
  general, usual; **en
  general (por lo
  general)** in general,
  generally
  generalmente generally
  generoso(-a)
  generous
la **gente** people
el, la **gerente** manager
el **gesto** expression, gesture;
  un gesto hostil a
  hostile gesture
la **glorieta** arbor
el **gobierno** government
  golpear to hit; **golpearse**
  to hit oneself
la **gota** drop; **gotita** small
  drop
  gozar de to enjoy
  gracias thanks, thank
  you; **dar las gracias** to
  thank; **gracias a** thanks
  to; **Muchas gracias**
  Thank you very much.
  gran, grande big, large,
  great
la **grandeza** grandeur
  gratis (*adj.*) free, gratis

grato(-a) pleasing,
agreeable; **tener
grato** to please
el **grillo** cricket
gris gray
el **grito** shout, yell; scream,
cry; **llamar a gritos** to
shout
la **grosería** rudeness
grueso(-a) thick
gruñir to grunt, to
grumble
el **grupo** group; bunch
Guadalajara Guadalajara,
city in west Mexico;
capital of the state of
Jalisco
el **guante** glove
guapo(-a) good-looking
guardar to keep; to put
away
la **guardia** guard; **el guardia**
guard, guardsman,
policeman
la **guerra** war
el, la **guía** guide
la **guitarra** guitar
gustar to please, to be
pleasing; **me gusta
más** I like best; **le
gusta** he (she) likes
el **gusto** pleasure, delight;
Mucho gusto Glad to
meet you.

haber to have (*auxiliary
verb to form compound
tenses*); see also **había,
habido, habrá, hay,
haya, hubo**
había (*imperf. of

hay*) there was (were);
habido (*p. part of* **haber**:
ha habido) there has
(have) been
la **habitación** room; **una
habitación apartada**
an isolated room
el, la **habitante** inhabitant
hablar to speak, to talk
habrá (*fut. of* **hay**) there
will be; **¿habrá?** could
there be?
hace (*with a verb in the
past tense*) ago; **hace dos
años** two years ago;
**¿Cuánto tiempo hace
(hacía) que...** (+ *pres. or
imperf.*)? How long has
(had) . . . been -ing?;
hace...que (+ *pres.*)
something has been
-ing for . . . (*length of
time*)
hacer to make; to do;
hacer buen tiempo to
be nice weather; **hacer
calor** to be hot
(weather); **hacer
caso** to pay attention;
hacer deportes to play
sports; **hacer ejercicios**
to do exercises;
hacer el favor de to do
the favor of; **hacer
fresco** to be cool; **hacer
la maleta** to pack one's
suitcase; **hacer el papel
de** to take the role of;
hacer frío to be cold
(*weather*); **¿Qué tiempo
hace?** How's the
weather?; **hacer sol** to
be sunny; **hacer un**

viaje to take a trip;
hacer viento to be
windy
hacia toward
hacía: hacía...que
(+ *imperf.*) something
had been -ing for . . .
(*length of time*)
la **hacienda** farm, estate
el **hada** (*f.*) fairy
halagado(-a) flattered
halagar to flatter
hallar to find
el **hambre** (*f.*) hunger; **tener
hambre** to be hungry;
hambriento(-a) hungry
harto(-a) full, satiated;
estar harto(-a) to be
fed up
hasta until; as far as;
desde...hasta from . . .
to; **hasta cierto punto**
up to a point; **Hasta
luego** See you later. So
long.; **hasta que** until
(*a form of the verb*
haber) there is (are); **hay
que** one must, it is
necessary to; **No hay de
qué** You're welcome.
haya *pres. subjunc. of*
hay: prohibe que haya
forbids that there be
el **helado** ice cream, ice
cream cone
heredar to inherit
herir to hurt
la **hermana** sister
el **hermano** brother; (*pl.*)
brother(s) and sister(s)
hermoso(-a) beautiful
el **héroe** hero
el **hierro** iron; **argolla de**

hierro iron ring
la **hija** daughter
el **hijo** son; (*pl.*) children,
son(s) and daughter(s)
el **hilo** thread, yarn
la **historia** history; story
histórico(-a) historic,
historical
la **hoja** leaf
¡Hola! Hello! Hi!
el **holgazán** loafer
la **holgazana** loafer (*f.*)
el **hombre** man; **¡Hombre!**
Wow! Hey!
el **hombro** shoulder
el **honor** honor; **en honor
de** in honor of
honrar to honor
la **hora** hour; time; **a estas
horas** at this hour; **a la
hora** after an hour;
altas horas very late;
¿A qué hora? At what
time?; **hora de** time to;
¿Qué hora es? What
time is it?
el **horror: ¡Qué horror!**
How awful!
horroroso(-a) horrible,
frightful
hoy today; **hoy día**
nowadays, presently
hubo (*third-person pret.
of* **haber**)
hueco(-a) hollow; empty
la **huelga** strike
la **huella** footprint
el **huevo** egg
la **humanidad** mankind,
humanity
humano(-a) human; **ser
humano** human being
húmedo(-a) humid

la **ida: ida y vuelta** round-trip
la **idea** idea
el **ideal** ideal; (*adj.*) ideal
idem same as above
la **identidad** identity
idiota (*adj.*) idiotic
el **ídolo** idol
la **iglesia** church
ignorante (*adj.*) ignorant
ignorar to ignore; to not know
igual (just) the same
la **igualdad** equality
ilegal (*adj.*) illegal
la **ilusión** illusion
la **imaginación** imagination
imaginario(-a) imaginary
imaginarse to imagine
imitar to imitate
impedir to prevent
imperioso(-a) imperious, overbearing
el **impermeable** raincoat
imponente (*adj.*) impressive
la **importancia** importance
importante (*adj.*) important
importar to matter, to be important; **¿le importa...?** do you care about; **no (me) importa** it doesn't matter, I don't care
imposible (*adj.*) impossible
la **impresión** impression
impresionante (*adj.*) impressive
el **impuesto** tax
inclinar to lean, to slant; **inclinarse hacia adelante** to lean forward

incluir to include
incluso(-a) (*adj.*) included; (*adv.*) including, even
la **incomprensión** incomprehension
increíble (*adj.*) incredible
la **independencia** independence
independiente (*adj.*) independent
indígena (*adj.*) indigenous, native
indigesto(-a) undigested
el, la **indio(-a)** Indian; (*adj.*) Indian
el **individuo** individual
infeliz (*adj.*) miserable, unfortunate, unhappy; gullible
el **infierno** hell
infinitamente infinitely
infinito(-a) infinite
inflamado(-a) inflamed, swollen
la **influencia** influence
la **información** information
informarse (de) to inform oneself (about)
el **infortunio** misfortune
la **ingeniería** engineering
el, la **ingeniero(-a)** engineer
el **ingenio** cleverness
la **ingratitud** ingratitude; ungratefulness
el **iniciador** initiator
inmediato(-a) immediate
inmediatamente (*adv.*) immediately
inocente (*adj.*) innocent
inofensivo(-a) harmless
el **insecto** insect
insensato(-a) senseless
insinuar insinuate

insistir (en) to insist (on)
la **inspiración** inspiration
inspirar to inspire
el **instante** instant,
movement
la **instrucción** instruction;
sin instrucción
uneducated
instruir to inform, to
instruct
el **instrumento** instrument
intelectual intellectual
inteligente smart,
intelligent
intentar to try, to attempt
el **intercambio** exchange
el **interés** interest
el **interior** interior; (*adj.*)
inner
interminable (*adj.*) endless
internacional (*adj.*)
international
interrumpir to interrupt
la **interrupción** interruption
la **intervención** intervention
íntimo(-a) intimate, close
intolerable (*adj.*)
intolerable
la **intuición** intuition
inútil (*adj.*) useless,
unnecessary
invadir to invade
inventar to invent
el **invierno** winter
la **invitación** invitation
el, la **invitado(-a)** guest
invitar to invite
ir to go; **ir a** + *inf.* to
be going to + *inf.*; **ir de
campamento** to go
camping; **ir de compras**
to go shopping; **ir de
vacaciones** to go on
vacation; **ir en auto**

**(autobús, avión,
tren)** to go by car (bus,
plane, train); **irse** to go
(away), leave; **ir y
venir** coming and
going; **¡Que le vaya
bien!** May all go well
with you; **Vamos,
vámonos** Let's go;
Vamos a + *inf.* Let's
. . .; **No vayamos** Let's
not go; **No vayamos a** +
inf. Let's not . . .;
yendo (*pres. part.*)
la **isla** island
italiano(-a) Italian
-ito(-ita) *a suffix used to
form diminutives*
izquierdo(-a) left; **a la
izquierda** to (on) the
left

jamás never, (not) ever;
jamás atrasado(-a)
never late
el **jamón** ham
el **jaque** check **(ajedrez);
jaque mate en dos
jugadas** checkmate in
two moves
el **jardín** garden
el **jefe** chief; boss
el **jerez** sherry
el **jeroglífico** hieroglyphic
Jesús Jesus; **¡Jesús!** Gee
whiz! Golly!
el, la **joven** young man, young
lady; (*pl.*) young people;
(*adj.*) young
la **joya** jewel; (*pl.*) jewelry
la **joyería** jewelry store
el **juego** game
jueves Thursday

la **jugada**   move

el, la **jugador(-a)**   player

jugar (>ue) (a)   to play
(a game)

el **jugo**   juice

el **juguete**   toy

la **juguetería**   toy store

julio   July

junio   June

junto(-a)   together; joined;
side by side; *adv.* near
by, close by, **junto
a**   close to, near, next to

juntos   together; close

la **justicia**   justice; **hacer
justicia**   to do justice

la **juventud**   youth

juzgar   to judge

el **kilómetro**   kilometer (a
little over six-tenths of a
mile)

la   the (*f. sing.*); *dir. obj.*
her, it, you **(Ud.)**; **la
de**   that of; **la que**   the
one that

el **labio**   lip

el **laboratorio**   laboratory

labrado(-a)   carved

el **lado**   side; **al lado de**
beside, next to

el **ladrillo**   brick

el **lago**   lake

la **lágrima**   tear

la **lámpara**   lamp

la **lana**   wool

languidecer   to languish

lanzar   to throw; **lanzar
un silbido**   to hiss

el **lápiz**   pencil

largo(-a)   long

las   the (*f. pl.*); *dir. obj.*
them, you **(Uds.)**; **las
de**   those of; **las que**
the ones (those) that

la **lástima**   misfortune; pity;
¡Qué lástima!   What a
shame!

latinoamericano(-a)
Latin American

lavar   to wash; **lavarse**
to wash (oneself), get
washed; **lavar la ropa**
to do the laundry

el **lazo**   bow; **lacito**   little
bow

le   (*indir. obj.*) (to, for,
from) him, her, it, you
(Ud.)

la **lección**   lesson

la **lectura**   reading

la **leche**   milk; **el café con
leche**   coffee prepared
with hot milk

el **lecho**   bed (*of the river*)

la **lechuga**   lettuce

la **lechuza**   owl

leer   to read

lejos   far, far away; **lejos
de**   far from

la **lengua**   language; tongue

lentamente   (*adv.*) slowly

lento(-a)   slow

les   (*indir. obj.*) (to, for,
from) them, you **(Uds.)**

el **letrero**   sign

levantar   to raise;
levantarse   to get up, to
stand up

leve   (*adj.*) light; slight;
una leve sonrisa   a
faint smile

la **ley**   law

la **leyenda** legend
la **liberación** liberation
liberado(-a) liberated, freed
liberar to liberate
la **libertad** liberty, freedom
la **libra** pound
libre (*adj.*) free
la **librería** bookstore
la **libreta** notebook
el **libro** book
el, la **líder** leader
lila (*adj.*) lilac (*color*)
limitarse a to limit oneself; to be limited to
limpiar to clean
limpio(-a) clean
lindo(-a) pretty, beautiful; nice
liquidar to murder
liso(-a) smooth
la **lista** list
listo(-a) ready
literalmente literally
la **literatura** literature
el **litro** liter (*a little more than a quart*)
lo (*dir. obj.*) him, it, you (**Ud.**); the (*neuter*); **lo antes posible** as soon as possible; **lo cierto** what is certain; **lo cual** which; **lo maravilloso de** the wonderful thing about; **lo más** + *adv.* + **posible** as . . . as possible; **lo más...que** (+ *expression of possibility*) as . . . as; **lo mismo** the same (thing); **lo que** what, that which; **por lo tanto** therefore;

todo lo que everything that
el, la **lobo(-a)** wolf
loco(-a) crazy
los the (*m. pl.*); *dir. obj.* them, you (**Uds.**); **los de** those of; **los que** the ones (those) that
la **lucha** struggle, fight
luchar (por, contra) to fight (for, against)
luego then; next; **Hasta luego** See you later; So long.
la **luciérnaga** firefly
el **lugar** place; **en lugar de** instead of
el **lujo: de lujo** luxurious
la **luna** moon
lunes Monday
el **luto** mourning; **de luto** in mourning
la **luz** light, **la luz del sol** the sunlight

llamar to call; **llamar por teléfono** to phone; **llamarse** to be called, named; **¿Cómo se llama...?** What is your name?; **me llamo** my name is
el **llanto** weeping, crying; tears
la **llave** key; **con llave** locked
llegar (a) to arrive (in), to get to, to reach; **aquí llegan** here they come; **llegar a ser** to become; **llegó a actuar** she, he got to act

llenar to fill
lleno(-a) de full of; **llenos de lágrimas** full of tears
llevar to carry, to bear; to take; to lead; to wear; **llevarle la corriente** to go along with
llevarse (bien, mal) to get along (well, badly)
llorar to cry
lloriquear to whimper
llover (>ue) to rain
la **lluvia** rain

la **madera** wood
la **madre** mother; **Madre-Tierra** Mother Earth (*Indian deity*)
la **madriguera** den
la **madrina** godmother
el, la **maestro(-a)** teacher; master; scholar
la **magia** magic
mágico(-a) magic
magnánimo(-a) magnanimous
magnífico(-a) wonderful, magnificent, great
el, la **mago(-a)** magician
el **maíz** corn
mal (*adv.*) badly, poorly
el **mal** evil
mal, malo(-a) (*adj.*) bad, naughty
la **maldición** curse
maldito(-a) damn; **¡Maldita sea!** Damn it!
el **malestar** malaise; indisposition
la **maleta** suitcase
malgastar to squander

la **mamá** mother, mom
el **mandadero** messenger
mandar to order; to command; to send
manejar to drive
la **manera** way, manner, fashion; **de manera diferente** in a different way; **de ninguna manera** in no way, not at all; **de otra manera** differently; **de todas maneras** anyhow, anyway; **de una manera...** in a ... way
la **mano** hand; **Dame la mano** Give me your hand; **en (a) manos de** in (into) the hands of
mantener to keep, to maintain
la **mañana** morning; (*adv.*) tomorrow; **de la mañana** a.m.; **mañana temprano** early tomorrow morning; **por la mañana** in the morning
el **mapa** map
la **máquina** machine; **máquina de escribir** typewriter
el **mar** sea; **Mar Caribe** Caribbean Sea
la **maravilla** marvel, wonder
maravilloso(-a) wonderful, marvelous; **lo maravilloso de** the wonderful thing about
la **marcha** march
marchar to march, to walk; **marcharse** to go away

marchito(-a) withered, faded

el **marido** husband

la **mariposa** butterfly

marrón (*adj.*) brown

el **martes** Tuesday

martillar to hammer

marzo March

más (*adv.*) more, any more; most; (*prep.*) plus; ¿**algo más?** anything else?; **más conocido(-a)** better known; **más de** (+ number) more than; **más o menos** more or less; **más...que** more ... than; **más vale** it is better; **me gusta más** I like best; **¡Qué idea más ridícula!** What a ridiculous idea!

la **máscara** mask

matar to kill

las **matemáticas** mathematics

el, la **matemático(-a)** mathematician

matinal (*adj.*) morning, matinal

mayo May

mayor (*adj.*) older, oldest; greater, greatest; **la mayor parte** the major part

el **mayordomo** butler

la **mayoría** majority

me (to, for, from) me, myself

la **media** stocking

la **medianoche** midnight

la **medicina** medicine

el, la **médico(-a)** doctor, physician

el **medio** middle, means; (*adj.*) middle; half; **clase media** middle class; **en medio de** in the middle of; **las doce y media** twelve-thirty; **media hora** a half hour

el **mediodía** noon; midday break; **al mediodía** at noon; for the midday meal

la **mejilla** cheek

mejor better, best

mejorar to improve

melancólico(-a) melancholy

menear to move, to shake; **menearse** to wiggle

la **memoria** memory

el, la **mendigo(-a)** beggar

el, la **menor** minor; (*adj.*) younger, youngest

menos less, least; **a menos que** unless; **más o menos** more or less; **menos de** (+ number) less than; **menos... que** less ... than; **menos mal que** it is a good thing that; **por lo menos** at least

mentir (>**ie**) to lie

la **mentira** lie

el **mercado** market, marketplace

la **merced** favor

merecer to deserve

el **mérito** merit; worth; **encontrarle méritos** to point out her good qualities

el **mes** month

la **mesa** table; **poner la mesa** to set the table

metálico(-a) metallic

meter to put, to insert; **meterse** to interfere; **meterse en el agua** to get oneself into the water

México Mexico; Mexico City

la **mezcla** mixture, mixing

mi, mis my

mí (*obj. of prep.*) me, myself

el **miedo** fear; **tener miedo (de)** to be afraid (of, to)

el **miembro** member

mientras (que) while; whereas; **mientras tanto** meanwhile

el **miércoles** Wednesday

mil one thousand; **miles** thousands

el **milagro** miracle

el **militar** military man, soldier; (*adj.*) military

la **milla** mile

el **millón** million; **un millón de...** a million . . .

el, la **millonario(-a)** millionaire

mimado(-a) pampered

la **minoría** minority

el **minuto** minute

mío(s), mía(s) (*adj.*) my, (of) mine; **el mío (la mía, los míos, las mías)** (*pron.*) mine

¡Dios mío! My goodness!

la **mirada** look; **fulminar con la mirada a** to look daggers at

mirar to look (at), watch; **mirándose en el espejo del agua** looking at himself in the mirror of the water

la **misa** mass (*church*)

miserable (*adj.*) miserable

la **misión** mission

mismo(-a) same; very, just, right; **ahora mismo** right now; **al mismo tiempo** at the same time; **allí mismo** right there; **el mismo** the very same; **lo mismo (que)** the same (thing) (as); **por eso mismo** that's just it

el **misterio** mystery

el **mito** myth

la **moda** fashion, style; **a la moda (de moda)** in style, fashionable

moderno(-a) modern

modesto(-a) modest

mojar to wet, to damp, to moisten

molestar to bother; **me molesta** it bothers me

el **momento** moment

la **moneda** coin

el, la **mono(-a)** monkey

la **montaña** mountain

montañoso(-a) mountainous

el **montón** a lot of; **un montón de** a great deal of; **a montones** lots of

moreno(-a) dark-haired, brunette

morir (>ue) to die; **morirse (de)** to die, be dying (of)

mordiscar to nibble; **mordisco** bite;

a mordiscones by biting

el, la **moro(-a)** Moor

mostrar (>ue) to show

el **movimiento** movement; **hora de mucho movimiento** (*f.*) rush hour

el, la **mozo(-a)** lad; waiter

la **muchacha** girl

el **muchacho** boy; (*pl.*) children, boy(s) and girl(s)

muchísimo(-a) very much; (*pl.*) very many (*adj.*) much, a lot of; very; too much; (*pl.*) many; (*adv.*) very much; **Mucho gusto** Glad to meet you; **mucho que hacer** a lot to do; **mucho tiempo** a long time

mudarse to move (*to change residence*)

el **mueble: los muebles** furniture

la **mueca** grimace

la **muerte** death

el, la **muerto(-a)** dead person, corpse; (*adj.*) dead

la **mujer** woman; wife; **nombre de mujer** woman's name

la **mula** mule

el **mundo** world; **Nuevo Mundo** New World (America); **todo el mundo** everyone; the whole world

el **muro** wall

el **músculo** muscle

el **museo** museum

la **música** music

el, la **músico(-a)** musician

muy very

nacer to be born

nacido(-a) born

la **nación** nation

nacional national

la **nacionalidad** nationality

nada nothing, not anything; **de nada** you're welcome; **por nada del mundo** (not) for anything in the world

nadar to swim

nadie no one, nobody, not anyone; **nadie podría** nobody could

el **naipe** playing card

la **naranja** orange

el **naranjo** orange tree

narigudo(-a) having a long and large nose

la **nariz** nose

la **naturaleza** nature

naturalmente naturally

la **nave** spaceship

la **Navidad** Christmas; (*pl.*) Christmas holidays

necesario(-a) necessary

la **necesidad** necessity

necesitar to need

necio(-a) foolish

negar to deny; **le negó su parte de** he refused to give him his share of

el **negocio** business; **viaje de negocios** business trip

negro(-a) black

el, la **neoyorquino(-a)** New
York er
nervioso(-a) (por)
nervous (about)
neutro(-a) (adj.) neutral
nevar (>ie) to snow
ni nor; or; **ni...ni**
neither . . . nor
la **niebla** fog
la **nieve** snow
ningún, ninguno(-a)
none, not any, no, not
one, neither (of them);
(a) ninguna parte
nowhere; **de ninguna
manera** in no way, not
at all
la **niña** girl, child
el **niño** boy; child; (pl.)
children, kids
no no, not; **¿no?** right?
true?
el, la **noble** noble
la **noche** night, evening; **de
la noche** p.m. (at
night); **de noche** at
night; **esta noche**
tonight, this evening;
por la noche at night,
in the evening; **todas las
noches** every night
el **nombramiento**
naming; appointment
el **nombre** name; **a (en)
nombre de** in the name
of; **nombre de mujer**
woman's name
el **noreste** northeast
el **noroeste** northwest
el **norte** north
nos (to, for, from) us,
ourselves
nosotros, nosotras (subj.

pron.) we; (obj. of prep.)
us, ourselves
la **nota** note; grade
notar to notice
la **noticia** (piece of) news;
(pl.) news
novecientos(-as) nine
hundred
la **novela** novel
noventa ninety
la **novia** girlfriend; fiancée
noviembre November
el **novio** boyfriend; suitor;
fiancé; (pl.) sweethearts
la **nube** cloud
nublado(-a) (adj.) cloudy;
está nublado it's
cloudy
nuestro(-a) (adj.) our, of
ours
la **nueva** news, tidings
Nueva España name
given to Mexico by the
Spanish conquerors
nuevamente again
nueve nine
nuevo(-a) new; **¿Qué hay
de nuevo?** What's
new?
el **número** number
numeroso(-a) numerous
nunca never, not ever;
nunca a tiempo never
on time; **nunca se me
habría ocurrido** it
would never have
occurred to me
la **nutrición** nutrition

o or; **o...o** either . . . or
el **obispo** bishop

obligado(-a) obliged; **se ve obligado a enfrentar solo la situación** he is forced to confront the situation by himself

la **obra** work; body of work; **obra de arte** work of art; **obra de teatro** play

obrar to do; to act

obsequiar to give

obsesionado(-a) (*adj.*) obsessed

la **ocasión** occasion

occidental (*adj.*) Western

el **océano** ocean; **Océano Atlántico** Atlantic Ocean

octubre October

ocupado(-a) busy

ocurrir to occur, to happen; **de lo que ocurra** on whatever takes place

ochenta eighty

ocho eight

ochocientos(-as) eight hundred)

odiar to hate

el **oeste** west

ofender to offend, to be offensive; **ofenderse** to take offense

la **oferta** sale, (special) offer

oficial (*adj.*) official

la **oficina** office

ofrecer to offer; **¿Qué se le ofrece?** What can I do for you?

oír to hear

ojalá que I hope that . . .

la **ojera** ring (*of the eyes*); **tener ojeras** to have rings under one's eyes;

con ojeras with bags under his, her eyes

el **ojo** eye

oler (>hue) to smell

olvidar to forget; **olvidarse (de)** to forget (about)

once eleven

ondular to wave; to undulate

la **opción** choice

la **operación** operation

la **opinión** opinion; **según su opinión** in your, his, her opinion

la **oportunidad** opportunity, chance

optar to opt, to choose

optimista optimistic

el **orden** order; **a sus órdenes** at your service

la **oreja** ear

la **organización** organization

organizar to organize

el **orgullo** pride

orgulloso(-a) proud

el **origen** origin

la **orilla** bank; **orilla izquierda** left bank

el **oro** gold

os (to, for, from) you, yourselves (*fam. pl.*)

oscuro(-a) dark

otear to scan

el **otoño** autumn

otro(-a) other, another; **al otro día** the next day; **otra vez** again; **lo otro** on the other hand

ovillar to wind into a ball; **desovillar** to unwind

oxigenado(-a) bleached (hair)

la **paciencia** patience

el **padre** father; priest; (pl.) parents

el **padrino** godfather; (pl.) godparents; host family

Paganini famous Italian violinist and composer

pagar to pay

la **página** page

el **país** country

el, la **pájaro(-a)** bird

la **palabra** word

el **palacio** palace

pálido(-a) (adj.) pale

la **paliza** beating

la **palmera** palm tree

palmotear to pat

el **pan** bread; **pan tostado** toast

la **panadería** bakery

el **pantalón, los pantalones** pants

el **pañuelo** handkerchief

la **papa** potato; **papas fritas** French fries

el **Papa** Pope

el **papá** dad, father; (pl.) parents

el **papel** paper; role; **hacer el papel de** to take the role of

el **par** pair

para for; in order to; by (a certain time); **estudiar para** to study to be; **no es para tanto** it's not important; **para que** so that; **¿para qué?** why? for what purpose?; **para sí** to himself (herself, themselves, yourself); **para siempre** forever

el **paraguas** umbrella

paraguayo(-a) Paraguayan

parar(se) to stop

parecer (>zc) to seem, to appear, to look like; **¿Qué le(s) parece si ....?** How about (doing something)?; **me pareció** it seemed to me

la **pared** wall

la **pareja** pair, couple

el **paredón** thick wall

el, la **pariente** relative

parpadear to blink

el **parque** park; **parque zoológico** zoo

la **parte** part; portion, section; **(a) alguna parte** somewhere; **(a) ninguna parte** nowhere; **¿De parte de quién?** Who is calling?; **en parte** partly; **gran parte** a great part; **la mayor parte** the major part; **por otra parte** on the other hand; **por (a, en) todas partes** everywhere

participar (en) to participate (in)

particular (adj.) particular, peculiar; **nada de particular** nothing special

la **partida** game; **partida de ajedrez** chess game

el **partido** game, match; political party

partir to leave, to depart

el **pasado** past; (adj.) past, last; **el verano pasado** last summer el **pasaje** ticket

el, la **pasajero(-a)** passenger

el **pasaporte** passport

pasar to pass, to get by; to spend (time); to happen; **pasar (adelante)** to come in (to one's home); **pasar por** to drop by; to pass by; **Pase usted** Go ahead. Come in; ¿**Qué le pasa a...?** What's the matter with; ¿**Qué pasa?** What's wrong? What's going on?; ¿**Te pasa algo?** Is something wrong?

pasear to stroll, to walk

el **paseo** walk; ride; **dar un paseo** to take a walk

el **pasillo** hallway

el **paso** step; transition; **me cerró el paso** he/she blocked my way; **pasos de hada** fairy steps

el **patio** patio

patriótico(-a) patriotic

el **patrón** (la **patrona**) boss

la **paz** peace

el **pebete** fuse (of a firecracker)

el **pedazo** piece; **a pedazos** by pieces

pedir (>i) to ask (for), request, order (in a restaurant); **pedir perdón** to beg one's pardon

pegar to stick

pelear to fight, to dispute

la **película** film, movie

el **peligro** danger

peligroso(-a) dangerous

el **pelo** hair

la **pena** sorrow, grief; **dar pena** to feel sorry

penetrante (*adj.*) penetrating, effective

el **pendiente** earring

el **pensamiento** thought

pensar (>ie) to think; to plan, to intend, to think of, about (*followed by inf.*); **pensar de** to think of, about (an opinion); **pensar en** to think about, concerning (*followed by* n. or pron.)

peor (*adj.*) worse, worst

pequeño(-a) little, small; **cuando éramos pequeños** when we were small (children)

perder (>ie) to lose; to miss; **perder el tiempo** to waste (one's) time; **perderse** to get lost, to lose one's way; to go astray

la **pérdida** loss; **la pérdida del paraguas** the loss of the umbrella; **pérdida de tiempo** a waste of time

perdido(-a) lost

el **perdón** pardon; **¡Perdón!** Excuse me!

perdonar to pardon, to forgive; **¡Perdone!** Excuse me!

la **perdiz** partridge

perezoso(-a) lazy

perfecto(-a) perfect, fine

el **periódico** newspaper

el, la **perito(-a)** expert

la **perla** pearl

permanecer (>zc) to remain

el **permiso** permission; **con
   permiso** excuse me
permitir to permit, to
   allow; **permítame**
   allow me
pero but
la **persiana** slatted shutter;
   blind; venetian blind
la **persona** person
el **personaje** character
la **personalidad** personality
la **perspectiva** perspective,
   outlook
la **pesadilla** nightmare
pesar to weigh, consider;
   a pesar de in spite of
pesado(-a) heavy
el **pescado** fish (as a food)
pescar to fish; **ir a
   pescar** to go fishing
el **pescuezo** neck (in animals)
la **peseta** monetary unit of
   Spain
pesimista (adj.)
   pessimistic
el **peso** monetary unit of
   several Latin American
   countries
la **pestaña** eyelash
el **pestillo** bolt
el **pez** fish (live): **el
   pescado** fish (that has
   been caught)
el **piano** piano
piar to chirp; (as noun)
   chirping
picar to sting
el **pico** bill, beak
el **pie** foot; **a pie** on foot;
   al pie de at the foot of
la **piedra** stone, rock
la **piel** skin; **pieles
   negras** Blackskins

la **pierna** leg
la **pieza** part, piece; room;
   pieza contigua
   adjoining room
la **píldora** pill
pillar to catch
pintar to paint
el, la **pintor(-a)** painter
la **pintura** painting, paint
el **piso** floor, story
pitar to whistle
la **pizarra** blackboard
placentero(-a) pleasant
la **placidez** placidness,
   placidity
la **planta** plant
la **plata** silver
la **plataforma** platform
plateado(-a) silvered;
   silvery
el **plato** plate, dish
la **playa** beach
la **plaza** plaza, square
la **pluma** pen
la **población** population
poblar to populate
pobre (adj.) poor; **los
   pobres** the poor
   (people)
la **pobreza** poverty
poco(-a) little (in
   amount); (pl.) few; **poco
   a poco** little by little;
   poco después a short
   time after(ward);
   poquísimo very little;
   un poco a little (bit);
   un poco más a little
   more
poder (>ue) to be able,
   can, may; **puede
   ser** that (it) may be; **se
   puede** one can

el **poder** power
poderoso(-a) powerful
el **poema** poem
el **poeta** poet
la **poetisa** poetess
el **policía** policeman
la **policía** police;
policewoman
la **política** politics; policy;
politician (*f.*)
el, la **político(-a)** politician;
(*adj.*) political
el **polvo** dust
la **pollera** skirt
el, la **pollo(-a)** chicken
el **poncho** poncho
poner to put, place;
poner la mesa to set
the table; **ponerse** to
get, become; to put on
(clothing); **ponerse de
pie** to stand up; **le
puse** I named him
el **póquer** poker
por for; because of, on
account of; for the sake
of; by; per; along;
through; throughout;
around (in the vicinity
of); in; during; in place
of; in exchange for; **por
aquí** this way, over
here, around here; **por
casualidad** by
coincidence; **por
ciento** percent; **por
ejemplo** for example;
por eso that's why, for
that reason; **por favor**
please; **por fin** finally;
por la mañana in the
morning; **por la
noche** in the evening,

at night; **por la
tarde** in the afternoon,
evening; **por lo
general** generally; **por
lo menos** at least; **por
lo tanto** therefore; **por
nada del mundo** (not)
for anything in the
world; **por otra
parte** on the other
hand; **por supuesto** of
course; **por teléfono** on
the telephone; **por
televisión (radio)** on
TV (radio); **por todas
partes** everywhere
¿**por qué?** why?
porque because
el **porvenir** future
posarse to land
la **posesión** possession;
tomar posesión de to
take possession of
posible possible; **lo más
pronto posible** as soon
as possible
posiblemente possibly
postergar to postpone; **el
brujo postergado** the
sorcerer who was put off
posterior after
el **postre** dessert
prácticamente (*adv.*)
through practice,
practically
practicar to practice; to
go in for (a sport)
práctico(-a) practical
el **precio** price; ¿**A qué
precio?** What's the
price?; ¿**Qué precio
tiene...?** What's the
price of . . . ?

precioso(-a) precious; lovely; darling

precisamente precisely

preciso(-a) precise

preferir (>ie) to prefer

la **pregunta** question

preguntar to ask

el **prelado** prelate

preliminar (*adj.*) preliminary

el **premio** prize

preocupado(-a) worried

preocuparse (de) to worry (about)

preparar to prepare

la **presencia** presence

presentar to present, to show; to introduce

el, la **presidente(-a)** president

prestar to lend, to loan

la **primavera** spring

primer, primero(-a) first; **de primera clase** first-class, first-rate

el, la **primo(-a)** cousin

principal (*adj.*) main; principal

principalmente principally

el **principio** beginning; **desde el principio** all along, from the beginning

la **prisa** haste, hurry; **tener prisa** to be in a hurry

privado(-a) private

probablemente (*adv.*) probably

probar (>ue) to try out; to try, to taste

el **problema** problem

procesar to try (in a court of law)

la **procesión** procession

proclamado(-a) proclaimed

el **producto** product

la **profesión** profession

el, la **profesor(-a)** teacher, professor

profundamente profoundly

profundo(-a) deep

el **programa** program

el **progreso** progress

prohibir to prohibit, to forbid

la **promesa** promise

prometer to promise

pronto(-a) soon; fast; quickly; **Hasta pronto** See you soon; **lo más pronto posible** as soon as possible; **prontísimo** very soon; **tan pronto como** as soon as

la **propiedad** property, real estate

propio(-a) own

el **propósito: a propósito** by the way

próspero(-a) prosperous

proteger to protect

la **protesta** protest

protestar to protest

próximo(-a) next, coming

proyectar to project

prudente prudent

la **prueba** test, trial

publicar to publish

el **público** public; spectators; (*adj.*) public; **en público** in public

el **pueblo** people; village, town

el **puente** bridge

la **puerta** door

el **puerto**   port, harbor
pues   (*interj.*) well . . . ;
   (*conj.*) for, because
el **puesto**   job, position
el **pulso**   pulse
la **punta**   point, tip
la **puntería**   aiming, aim (**de
   un arma**); ¡**Qué
   puntería!**
   What an aim!
el **punto**   point, dot; **en
   punto**   on the dot,
   exactly; **a punto
   de**   about to
puntual   (*adj.*) punctual
la **puntualidad**   punctuality
la **pupila**   pupil
puro(-a)   pure

que   (*rel. pron.*) that,
   which, who, whom;
   (*adv.*) than; **el (la, los,
   las) que**   which,
   who(m), the one(s) that,
   those who; **lo que**
   what, that which
¿**qué?**   what?, which?;
   ¿**para qué?**   why?, for
   what purpose?; ¿**por
   qué?**   why?; ¿**Qué clase
   de...?**   What kind of
   . . . ?; ¿**Qué día es hoy?**
   What day is it today?;
   ¿**Qué es esto?**   What
   is this?; ¿**Qué hay de
   nuevo?**   What's new?;
   ¿**Qué tal?**   How's it
   going?; ¿**Qué te pasa?**
   What's wrong? What's
   the matter with you?
¡**qué...!**   What (a) . . . !
   how . . . !; ¡**Qué alivio!**

What a relief!; ¡**Qué
   cómico!**   How funny!;
¡**Qué escándalo!**   What
   a scandal!; ¡**Qué
   gracioso!**   How funny!;
¡**Qué idea más
   ridícula!**   What a
   ridiculous idea!; ¡**Qué
   lástima!**   What a
   shame!; ¡**Qué
   suerte!**   What luck!;
¡**Qué va!**   Oh, come on!
quedar   to remain, to be
   left; to fit; **quedarse**   to
   stay, to remain;
   quedarse dormido(-a)
   to fall asleep; **al quedar
   sola**   when she is left
   alone
quejar(se)   to complain
quemar   to burn
querer(>ie)   to want, to
   wish; to love; **querer
   decir**   to mean; **quisiera
   cooperar**   would like to
   cooperate; **Ud. querrá
   decir**   you must mean
querido(-a)   loved;
   darling, dear; **seres
   queridos**   loved ones
quien, quienes   who,
   whom; the one who,
   those who
¿**quién?**   who?, whom?;
   ¿**de quién?**   whose
quince   fifteen
quinientos(-as)   five
   hundred
quitar   to take away;
   quitarse   to take off
   (*clothing*); **quitar
   demasiado tiempo**   to
   take up too much time
quizás   maybe, perhaps

la **rabia** anger, rage
la **radio** radio
la **ráfaga** gust
el **ramo** bouquet; branch; bunch; **ramo de flores** bouquet of flowers
la **rana** frog
el **rancho** ranch; in Venezuela and Colombia, a small dwelling
rápidamente quickly, rapidly
rápido(-a) (*adj.*) rapid, fast; (*adv.*) fast, quickly
raro(-a) rare; strange; **¡Qué tipo más raro!** What a strange character!
el **rato** short time; **hace un rato** a while ago; **al poco rato** a short time after
la **raya** stripe; **raya plateada** silver line
la **raza** race; **el Día de la Raza** Columbus Day
la **razón** reason; **por alguna razón** for some reason; **tener razón** to be right
razonable reasonable
la **reacción** reaction
real royal; **el Real Madrid** Spanish soccer team
la **realidad** reality; **en realidad** in reality, actually
el **realismo** realism
realista (*adj.*) realistic
realmente really, actually
rebajar to lower

el, la **rebelde** rebel
la **rebelión** rebellion
rebuscar to search thoroughly; to search for
el, la **recepcionista** desk clerk; receptionist
recibir to receive
reciente (*adj.*) recent
recientemente recently
recitar to recite
recobrar to get back
recomendar(>ie) to recommend
recordar(>ue) to remember
el **recuerdo** memory, souvenir
referir to relate, to report
el **recurso** recourse, resort
el **reflejo** gleam, reflection
el **refrán** proverb, saying
el **refresco** soft drink
el **regalo** gift, present
regatear to bargain
regodearse to get immense enjoyment
el **régimen** regime, government
la **región** region
regresar to return, go (come) back
regularmente (*adv.*) regularly
el **reino** kingdom
reír(se) to laugh
la **relación** relation, relationship
relacionado con related to
el **relámpago** lightning
relatar to tell, to recount
relativamente relatively
la **religión** religion

religioso(-a) religious

el **reloj** clock; watch

el **remedio** remedy, cure;
no tener más remedio que to have no other choice but

remontar to soar

remoto(-a) remote

remozar to rejuvenate

repetir(>i) to repeat;
Repita(n), por favor please repeat; **te he repetido** I have told you

la **representación** representation; portrayal

representar to represent; to portray, to show

reprimir to suppress

resecar to resect; to dry up or out; **boca reseca** dry mouth

el **resentimiento** resentment

reservar to reserve

el **resfrío** cold

resignadamente with resignation

la **resistencia** resistance

resolver(>ue) to solve, to resolve

el **respaldo** back (*of a seat*)

resuelto(-a) resolved

respectivamente respectively

respetar to respect, esteem

el **respeto** respect

responsable (*adj.*) responsible

la **respuesta** answer

el **restaurante** restaurant

el **resto** rest, remainder

el **retrocohete** retro rocket

resuelto(-a) solved, resolved

retirar(se) to retire

el **retrato** portrait

la **reunión** meeting, gathering, get-together

reunirse (a) to meet, to gather (*to*); **reunirse con** to get together with

reventar to burst

revisar to go through, to revise, to check

la **revista** magazine

la **revolución** revolution

la **reina** queen

el **rey** king; (*pl.*) king and queen

rico(-a) rich; delicious

ridículo(-a) ridiculous

el **rincón** corner

la **riña** fight

el **río** river

la **risa** laughter

robar to steal, to rob

el **robo** theft, robbery

el **roce** class

la **rodilla** knee

rogar to implore, to beg

rojo(-a) red

romántico(-a) romantic

romper to break; **romper con** to break with

la **ropa** clothes, clothing;
ropa vieja a Caribbean dish

la **rosa** rose

rosado(-a) pink, rosy

la **rosquilla** ring-shaped fritter

el **rostro** face

rubio(-a) blond

ruborizar to make blush

la **rueda** wheel; **rueda de la fortuna** wheel of fortune

el **ruido** noise
la **ruina** ruin
el **rumbo** direction; **rumbo a** heading for
rústico(-a) rustic
la **rutina** routine

sábado Saturday
saber to know; to find out; **saber** + *inf.* to know how to; **que yo sepa** as far as I know
el, la **sabio(-a)** learned person, scholar
saborear to taste, to relish
sabroso(-a) delicious
sacar to take out; **sacar una foto** to take a photograph; **sacar una nota** to get a grade
la **sal** salt
la **sala** large room; living room; **la sala de clase** classroom
el **salario** salary
la **salida** exit
salir (de) to leave, to go out, to come out; **salir con** to go out with; **salir para** to leave for; **Todo va a salir bien** everything will turn out fine
saltar to jump
la **salud** health; **¡Salud!** To your health! Cheers!
saludar to greet; **lo saludaron obispo** they greeted him as a bishop
el **saludo** greeting

san shortened form of (**santo**) saint; **San Francisco de Asís** St. Francis of Assisi
la **sandalia** sandal
la **sangre** blood; heritage
sano(-a) healthy; sane; **sano y salvo** safe and sound
Santiago city in NW Spain
el, la **Santo(-a)** saint; saint's day; (*adj.*) holy; **santo patrón (santa patrona)** patron saint
el, la **sapo(-a)** toad
se (*indir. obj.*) (to, for, from) him, her, it, you (**Ud., Uds.**), them; (*refl. pron.*) (to, for, from) himself, herself, itself, yourself (**Ud.**), themselves, yourselves (**Uds.**) *first person sing. pres of* **saber**; *second person sing. imperative of* ser
secar(se) to dry
la **sección** section
seco(-a) dry
el, la **secretario(-a)** secretary
el **secreto** secret; (*adj.*) secret
secundario(-a) secondary; **la escuela secundaria** high school
la **sed** thirst; **tener sed** to be thirsty
seguida: en seguida right away, at once
seguir (>i) to follow; to continue, to keep on, to

still be; **seguir cursos**
to take courses

según   according to;
según su opinión   in
your opinion

segundo(-a)   second;
**segundo cajón a la
izquierda**   second
drawer to the left

seguro(-a)   sure, certain,
safe

seis   six

seiscientos(-as)   six
hundred

la **selva**   jungle; **claro de la
selva**   clearing in the
jungle

sellar   to seal

la **semana**   week; **el día de
semana**   weekday; **el
fin de semana**
weekend; **la semana que
viene**   next week, this
coming week; **la
Semana Santa**   Holy
Week; **todas las
semanas**   every week

semejante   (*adj.*) similar

el **semestre**   semester

el, la **senador(-a)**   senator

sencillo(-a)   simple, easy

sensacional   (*adj.*)
sensational

sentado(-a)   seated, sitting

sentarse (>ie)   to seat, to sit

sentenciar   to pass
judgment

sentir   to feel; **sentir
que**   to be sorry that;
sentirse + *adj.*   to feel
+ *adj.*

el **señor** (*abbr.* **Sr.**)   man,
gentleman; sir; mister, Mr.

la **señora** (*abbr.* **Sra.**)   lady;
wife, ma'am; Mrs.

los **señores** (*abbr.* **Sres.**)   Mr.
& Mrs.; ladies and
gentlemen

la **señorita** (*abbr.* **Srta.**)
young lady; Miss;
miss

la **separación**   separation

separado(-a)   separate;
separated

separar   to separate

septiembre   September

el **sepulcro**   sepulchre, grave

ser   to be (someone or
something; *description
or characteristics*);
¡Cómo es (son)...? What
is (are) . . . like?; **Es
que...** That's because
. . . ; **llegar (pasar) a
ser**   to become; **ser de**
to be from (somewhere);
to be (someone's); **¿De
dónde será?** I wonder
where she's from.

el **ser**   being

la **serie**   series

serio(-a)   serious; **en
serio**   seriously

la **serpentina**   paper
streamer

el **servicio**   service

servir (>i)   to serve; **¿En
qué puedo servirle?**
What can I do for you?;
que pudieran servirle
that would be of use
to you

severo(-a)   severe

el **sexo**   sex

si   if; **como si**   as if

sí   yes

siempre always; **para siempre** forever
la **sierra** mountain range
la **siesta** midday break for lunch and rest; **dormir la siesta** to take a nap after lunch
siete seven
el **sigilo** seal, stamp; secrecy; **con gran sigilo** in great secrecy
el **siglo** century
el **significado** meaning, significance
significar to signify, to mean
siguiente (*adj.*) following
el **silencio** silence
silencioso(-a) silent
la **sílfide** sylph, nymph
la **silla** chair
el **sillón** armchair
simbólico(-a) symbolic
simbolizar to symbolize
el **símbolo** symbol
simpático(-a) nice
simplemente simply
simultáneamente simultaneously
sin without; **sin embargo** however; **sin que** without
sincero(-a) (*adj.*) sincere
sino but, but rather
el **sirviente** servant; **la sirvienta** waitress; servant
el **sistema** system
el **sitio** place, site, location; **sitio de interés** point (site) of interest
la **situación** situation

sobre on, about, concerning; on upon; over; **sobre todo** especially
sobresaltado(-a) startled
el, la **sobrino(-a)** nephew (niece)
la **sociedad** society
la **sociología** sociology
el, la **sociólogo(-a)** sociologist
el **sofá** sofa, couch
el **sol** sun; **hacer sol** to be sunny; **tomar el sol** to sunbathe
solamente only
el **soldado** soldier
la **soledad** solitude
soler (>ue) to be in the habit of; to usually (do, etc).
el **solitario** solitaire
solo(-a) alone; single
sólo only, just
soltero(-a) single, unmarried
la **solución** solution
el **sombrero** hat
sombrío(-a) somber, gloomy; dark; shaded
sonar (>ue) to sound; to ring; to blow (the nose)
sonreír to smile
la **sonrisa** smile
soñador(-a) dreamy, given to dreaming
soñar (>ue) con to dream of, about
la **sopa** soup
el **sopor** drowsiness
la **sordina** damper (piano); **en sordina** muted, softly
sorprender to surprise

sorprendido(-a)
surprised; **se muestra
sorprendido** he looks
surprised

la **sorpresa** surprise
sospechar to suspect
su, sus his, her, its, their,
your **(Ud., Uds.)**

la **suavidad** gentleness,
smoothness
subir to climb, to go up;
subir a to get on;
subirse to climb up

el, la **sucesor(-a)** successor
sucio(-a) dirty
Sudamérica South
America

el **sueldo** salary
el **suelo** floor; ground
el **sueño** dream; **tener
sueño** to be sleepy

la **suerte** luck; **tener
suerte** to be lucky;
¡Qué suerte! What
luck! How lucky!

el **suéter** sweater
suficiente enough,
sufficient

el **sufrimiento** suffering
sufrir to suffer
sumergido(-a) submerged
superior higher

la **superstición** superstition
supersticioso(-a)
superstitious

la **supervivencia** survival
supremo(-a) supreme
supuesto: por supuesto
of course

el **sur** south; **al sur de**
south of; **la América
del Sur** South America

el **suroeste** southwest
suscribir to sign; to take
out a subscription
suspirar to sigh; **suspirar
por** to long for

el **susto** fright
el **susurro** murmur,
whisper
suyo(-a) his, hers, yours,
theirs; of his, hers,
yours, theirs

el **tablero** chessboard
tal such (a); **¿Qué
tal?** How are you? How
are things going?; **tal
vez** perhaps; **con tal de
que** provided that
taladrar to drill
tambalear to stagger
también also, too
tampoco neither, (not)
either
tan so; such;
tan...como as . . . as;
tan pronto como as
soon as

el **tanque** tank
tanto(-a) so much; as
much; (*pl.*) so many, as
many; **por lo tanto**
therefore; **no es para
tanto** it's not that
important; **tanto como**
as much as; as well as;
(*pl.*) as many as;
tanto(s)...como as much
(many) . . . as; both . . .
and

la **tardanza** delay

tarde (*adv.*) late; **más
tarde** later;
tardísimo very late
la **tarde** afternoon; **Buenas
tardes** Good afternoon,
Good evening; **de la
tarde** p.m. (*afternoon
or early evening*); **por la
tarde** in the afternoon
la **tarjeta** card; **tarjeta
postal** postcard
tartamudear to
stammer
el **tatú** armadillo
el **taxi** taxi
la **taza** cup
te (*obj. pron.*) (to, for,
from) you, yourself
(*fam. sing.*)
el **té** tea
el **teatro** theater; **la obra de
teatro** play
la **tecnología** technology
el **techo** roof
tejer to weave, to knit
el **tejido** knitting
el **teléfono** telephone;
hablar por teléfono to
talk on the phone;
llamar por teléfono to
phone
la **televisión** television; **por
(en la) televisión** on
television
el **televisor** television set
el **tema** subject, theme
el **temblor** tremor; shudder
temer to fear
el **temor** fear
la **temperatura** temperature
templar to tune; **templar
un arco** to prepare a
bow

el **templo** temple
temporalmente
temporarily
temprano(-a) early;
mañana temprano
early tomorrow morning
tenéis second-person
plural form of **tener**
tener to have; **¿Qué
tiene...?** What's wrong
with . . . ?;
tener...años to be . . .
years old; **tener
calor** to be (feel) hot;
tener una cita to have
a date; **tener cuidado
(con)** to be careful (of,
about); **tener un dolor
de cabeza (de
estómago)** to have a
headache (stomachache);
tener fiebre to have a
fever; **tener frío** to be
(feel) cold; **tener ganas
de** to feel like, want to;
tener hambre to be
hungry; **tener miedo** to
be afraid; **tener la
oportunidad de** to
have the opportunity to;
tener prisa to be in a
hurry; **tener que** to
have to, must; **tener
razón** to be right; **tener
sed** to be thirsty; **tener
sueño** to be sleepy
la **tensión** tension
la **teoría** theory
tercer, tercero(-a) third
la **terminación** end,
termination
terminar to end, to finish
el **territorio** territory

Teseo Theseus. (Greek hero famous for killing the Minotaur, a monster half man and half bull which was kept in a Labyrinth in Crete)

el, la **testarudo(-a)** stubborn or obstinate person

el **texto** text

ti (*obj. of prep.*) you, yourself

la **tía** aunt

tibio(-a) lukewarm

el **tiempo** time; weather; **al mismo tiempo** at the same time; **a tiempo** on time; **con el tiempo** in time, eventually; **hace buen tiempo** it's nice weather; **mucho tiempo** a long time; **perder el tiempo** to waste (one's) time; **¿(por) cuánto tiempo?** how long?; **¿Qué tiempo hace?** How's the weather?

la **tienda** store, shop

la **tierra** earth, land; **Madre-Tierra** Mother Earth (Indian deity)

tímido(-a) timid; shy, bashful

el **tío** uncle; (*pl.*) aunt(s) and uncle(s)

típico(-a) typical; traditional

el **tipo** type, kind; guy

tiranizar to tyrannize

el, la **tirano(a)** tyrant

el **tirón** tug, pull, jerk; **de un tirón** all at once

titubear to hesitate; **sin titubear** without hesitating

el **título** title

el **tobogán** slide

tocar to touch; to play (music or musical instrument)

todavía still, yet; **todavía no** not yet

todo(-a) (*adj.*) all, entire, whole; complete; every; (*m., n.*) everything; **a (en, por) todas partes** everywhere; **de todas maneras** anyway, anyhow; **sobre todo** especially; **todo el mundo** everyone; the whole world; **todo lo demás** everything else; **con todo** nevertheless

todos(-as) (*adj.*) all, every; (*n.*) all, everyone; **todos los días** every day

Toledo city in central Spain, on the Tagus River

Tolosa Tolosa; **el arzobispado de Tolosa** the Archbishopric of Tolosa (Spain)

tomar to take; to drink; to have (*a meal*); **Toma** Take it; **tomar sol** to sunbathe

el **tomate** tomato

el **tono** tone

la **tontería** nonsense

tonto(-a) silly, foolish; idiotic

torcido(-a) twisted

el **tormento** torture; anguish

el **toro** bull; **corrida de toros** bullfight; **toro bravo** fighting bull

la **torre** tower

la **torta** cake

tosco(-a) crude; rough, coarse

toser to cough

totalmente totally

el, la **trabajador(-a)** worker; (*adj.*) hard-working

trabajar to work

el **trabajo** work, job

la **tradición** tradition

tradicional (*adj.*) traditional

traducir (>zc) to translate

el, la **traductor(-a)** translator

traer to bring

el **tráfico** traffic

la **tragedia** tragedy

trágico(-a) tragic

el **trago** drop, swig; **de un trago** in one gulp

el **traje** suit

el **trance** moment, juncture; **trance grato** a pleasing moment

el **tranquilizante** tranquilizer

tranquilo(-a) quiet, silent, calm

traquetear to rattle

trasladar to transfer

el **trastorno** disorder; trouble

tratar to try; to treat; **tratar de** to try to

travieso(-a) mischievous

tremendo(-a) terrible, frightful; **no lo tomó tan a la tremenda** he did not seem too surprised

el **tren** train; **en tren** by train

la **tribu** tribe

Trípoli seaport on the NW coast of Libya

triste (*adj.*) sad

la **tristeza** sadness

el **triunfo** triumph, victory

tropezar to stumble

el **trópico** tropics

el **trueno** thunder

tu, tus your

tú (*subj. pron.*) you, (*fam. sing.*)

el **tul** tulle, (*fine, veil-like material*)

tuyo(-a) your, of yours

la **tumba** grave, tomb

el, la **turista** tourist

turístico(-a) tourist

u or (*replaces* **o** before a word beginning with **o** or **ho**)

último(-a) last, latest, most recent

único(-a) unique; only one

la **unidad** unity

unido(-a) united; **los Estados Unidos** United States

la **unión** union

unir to unite

el **universo** universe

uno (un), una one; a, an; **lo uno** on the one hand

unos, unas some, a few, several; **unos** + *a number* about

urbano(-a) urban

urgente (*adj.*) urgent, pressing

usar to use; **se usan** are used

el **uso** use

usted (*abbr.* **Ud., Vd.**) you (*formal*); (*pl.*) **ustedes** (*abbr.* **Uds., Vds.**) you (*fam. and formal*); **de usted (ustedes)** your (of) yours

útil (*adj.*) useful

utilizar use, utilize

la **uva** grape

las **vacaciones** vacation; **(estar) de vacaciones** (to be) on vacation; **ir de vacaciones** to go on vacation

vacilante (*adj.*) unsteady, shaky

vacío(-a) empty

el **vagón-tranvía** train-car

valer to be worth; **más vale** it is better; **no vale más de** it is not worth more than

el **valor** value, worth, merit

el **valle** valley

¡Vamos! Come on, now!

vanidoso(-a) vain, conceited

Vanitas vanitatum Vanity of vanities

variado(-a) varied, various

la **variedad** variety

varios(-as) several

el **vaso** glass (*drinking*)

las **veces** pl. of **la vez**

el, la **vecino(a)** neighbor; *adj.* neighboring

veinte twenty

veintidós twenty two; **a las veintidós** at 10 p.m.

la **vejiga** bladder

vencer to conquer; to defeat; **darse por vencido** to give up

el, la **vendedor(a)** vendor, salesperson

vender to sell

el **veneno** poison

venenoso(-a) poisonous

vengarse to take revenge

la **venganza** revenge

venir to come; **ir y venir** coming and going; **la semana que viene** next week, this coming week; **Ven acá** Come here

la **ventana** window

ver to see; **A ver** Let's see; **verse** to be seen; **Ya veremos** We'll see.

Veracruz seaport on the east coast of Mexico

el **verano** summer

la **verdad** truth; **¿verdad?** right? isn't that so? really?

verdaderamente truly

verdadero(-a) real, true

verde green

la **vergüenza** shame; **darle vergüenza a alguien** to make someone ashamed; **no tener vergüenza** to be shameless; **¡Qué falta de vergüenza!** What shamelessness!

el **verso** line of poetry

el **vestido** dress; **bien
vestido(-a)** well dressed
vestir(>i) (de) to dress
(as); **vestirse (de)** to
dress (as); to get dressed
la **vez** (*pl.* **veces**) time,
occasion; **a la vez** at
the same time, at a time,
a veces at times;
alguna vez ever, at
some time; sometimes;
en vez de instead of;
muchas veces often;
otra vez again, once
more; **por primera
vez** for the first time;
tal vez perhaps; **por
última vez** for the last
time
viajar to travel
el **viaje** trip, journey; **¡Buen
viaje!** Have a good
trip!; **Feliz viaje** Have
a nice trip; **hacer un
viaje** to take a trip;
viaje de negocios
business trip
el, la **viajero(-a)** traveler
la **víbora** viper
el **vicio** vice
la **victoria** victory
la **vida** life; **llevar una
vida...** to lead a . . . life
viejo(-a) old; (*n.*) old
person
el **viento** wind; **hacer
viento** to be windy;
«**Lo que el viento se llevó**»
«Gone with the Wind»
el **viernes** Friday
el **vino** wine
la **violencia** violence
violento(-a) violent

violeta violet
el, la **violinista** violinist
el **virrey (la Virreina)**
viceroy
la **visión** vision
la **visita** visit; **de
visita** visiting
el, la **visitante** visitor
visitar to visit
la **vista** view, sight, gaze,
eyes
la **vitamina** vitamin
el, la **viudo(-a)** widower;
widow
los **víveres** supplies,
provisions; **cortarle los
víveres a alguien** to
cut off someone's
supplies
vivir to live; **¡Viva...!**
Hurray for . . . !
Long live . . . !
vivo(-a) alive, bright
el **vocabulario** vocabulary
volar(>ue) to fly
volver (>ue) to return,
go back, come back;
volverse to turn
around; **volverse
loco** to go crazy
vosotros, vosotras (*subj.
pron.*) you, (*fam. pl.*);
obj. of prep. you,
yourselves
votar to vote
la **voz** voice; **en voz
alta** out loud; loudly;
alzar la voz to raise
the voice
la **vuelta** walk, stroll; **dar
una vuelta** to go for a
walk round the town;
ida y vuelta round trip

vuestro(-a)   your
vulgar   (*adj.*) common;
vulgar; vernacular

y   and
ya   already; now; **ya
no**   no longer; **ya
que**   since; **Ya
veremos**   We'll see; **ya
me cansa verla**   I get
tired of seeing it; **ya
medio muerto**   already
half dead

el **yacaré**   crocodile
yo   I

zafio(-a)   boorish
la **zanahoria**   carrot
la **zapatilla**   dancing shoe;
slipper
el **zapato**   shoe
el **zoológico**   zoo
zurcir   to mend; **zurcir
calcetines**   to mend
socks

Acknowledgments

"Las estatuas," "Teseo," and "Luna," written by Enrique Anderson-Imbert. Reprinted with the permission of the author.

"Los ticunas pueblan la tierra" by Hugo Niño from *Primitivos relatos contados otra vez: héroes y mitos amazónicos.* Reprinted by permission of Carlos Valencia Editores.

"No hay que complicar la felicidad" by Marco Denevi from *Obras completas, Tomo 4 - Falsificationes.* Reprinted with the permission of the author.

"Una mariposa blanca" by Graciela Roepke from *Teatro chileno actual.* Copyright © 1966 by Empressa Editoria Zig-Zag, S. A. Santiago de Chile. Reprinted by permission of the publisher.

"El brujo postergado" by Jorge Luis Borges from *Obras completas.* Historia universal de la infamia, Jorge Luis Borges, © Emecé Editores S. A. - Buenos Aires, 1954. Reprinted by permission of the publisher.

"Rosamunda" by Carmen Laforet from *La niña y otros relatos.* Reprinted by permission of Agencia Literaria Carmen Balcells, S. A.

3 4 5 6 7 8 9 0